여행이 즐거워지는

4개국
여행 회화

여행이 즐거워지는
4개국 여행 회화

2018년 10월 15일 1쇄 인쇄
2018년 10월 25일 1쇄 발행

감수자 | 이승원 / 유향미 / 이치우
펴낸이 | 이규인
펴낸곳 | 도서출판 **창**
등록번호 | 제15-454호
등록일자 | 2004년 3월 25일

주소 | 서울특별시 마포구 대흥로4길 49, 4층(용강동 월명빌딩)
전화 | (02) 322-2686, 2687 / **팩시밀리** | (02) 326-3218
홈페이지 | http://www.changbook.co.kr
e-mail | changbook1@hanmail.net

ISBN 978-89-7453-447-9 13700

정가 13,000원
*잘못 만들어진 책은 〈도서출판 **창**〉에서 바꾸어 드립니다.

여행이 즐거워지는

4개국
여행 회화

편저 이승원 · 이혜정 · 이치우 · 민미순 · 유향미 · 장현정

한국어 · 영어
중국어 · 일본어

창
Chang
Books

머리말

여러분은 지금 국제화시대에 살고 있습니다. 그리고 우리 국력이 선진국 대열에 들어섬에 따라 우리 국민의 활동 무대는 전세계에 뻗쳐 우리 발길이 안 닿는 데가 없을 정도로 빠르게 발전하고 있습니다.

최근 우리 사회의 이슈이자 많은 분들이 고민하는 부분 중에 하나가 어떻게 하면 원어민처럼 유창하게 외국어를 잘 할 수 있을까? 하는 바람일 것입니다. 이러한 시대 상황을 고려해 편집·제작된 책이 '어디서나 바로바로 통하는 '여행이 즐거워지는 4개국 여행 회화'입니다.

수많은 여행회화책이 있지만 생각만큼 효과를 얻기란 쉽지 않습니다. 그렇다면 우리말을 비롯하여 영어, 중국어, 일본어를 한 권의 책 속에 담아 활용하면 초보자에게 있어 더 이상 바랄 게 없을 것입니다. 영어회화는 기본이지만 중국어와 일본어도 함께 곁들여 읽혀두면 매우 유용합니다.

이책은 이런 분들을 위해 아주 기초적인 회화패턴에서부터 모든 상황에서 능숙하게 대처할 수 있는 생활회화, 실용회화 및 해외여행에 이르기까지 다양하게 구성·편집되어 쉽게 접할 수 있습니다. 같은 말이라도 표현하는 방법이 다양하게 정리되어 있을뿐만 아니라 종전의 획일적인 회화에서 벗어나 마음대로 즉석에서 찾아 활용할 수 있도록 주제별로 일목요연하게 나열되어 여행하기에 편리합니다.

또한 패턴회화는 정형화된 문장이어서 마음 놓고 구사할 수 있는 장점뿐만 아니라 여러 문장을 응용해서 마음껏 회화를 표현할 수 있어 많은 분들이 선호합니다. **여행이 즐거워지는 4개국 여행 회화**는 이런 외국어 초보자의 여행을 한 단계 발전시켜 드릴 것입니다.

이책의 특징은 다음과 같이 구성되어 있습니다.

1. 이 책은 해외여행을 하는 분들을 위해서 여행의 계획과 실천의 흐름에 맞추어 엮어진 한·영·중·일 대조의 회화책입니다. 여행의 구체적인 경과에 따라 필연적으로 등장하는 필요한 회화를 관련된 화제에 맞추어 풍부히 수록하였습니다.

2. 가장 많이 사용하는 필수패턴회화로 여행의 자신감과 응용력을 증가시켰습니다. 특히 상황에 따라 적절하게 골라 선택하면 필요한 회화가 대체로 말할 수 있게 되도록 상황을 폭넓게 상정하였습니다.

3. 영어, 중국어, 일본어 표현에는 원어민이 발음하여 초보자도 보다 쉽게 듣고 따라할 수 있도록 한글 발음으로 표기하였습니다. 그러나 한글발음 표기는 3개국어 회화학습을 위한 것에 지나지 않으므로 정확한 발음은 본사의 홈페이지에 MP3파일을 제공하고 있으므로 다운받아 들으면 보다 효과적으로 학습할 수 있습니다.

4. 이 책은 간편한 해외여행 회화 안내서라는 형식을 취하고 있지만, 그 내용을 충분히 이해·습득하면 본격적인 회화를 마스터하는 것으로도 됩니다.

5. 부록에 있는 많은 자료는 회화에 큰 도움이 될 것입니다.

그 외에 최신의 인터넷의 자료를 참조하였으며 되도록 최근에 많이 활용되는 문장을 엄선하여 새로운 신조어의 효과도 느낄 수 있게 하였습니다. 위와 같은 자료를 통해 그동안 외국어회화에 대한 막연했던 두려움을 떨쳐 버리고 지금 바로 자신감을 가지고 시작하면 **패턴회화+실용회화**의 활용도 높은 필수문장의 효과를 보실 것입니다.

차례

C · o · n · t · e · n · t · s

PART 03 여행 일어

여행 영어

헬로우

안녕하세요?

＊부탁할 때＊

~ 주세요.
~ please.
~ 플리즈

□ 써 주세요.　　　**write** please.
　　　　　　　　라잇 플리즈

□ 읽어 주세요.　　**read** please.
　　　　　　　　뤼드 플리즈

□ 가르쳐 주세요.　**show** please.
　　　　　　　　쇼우 플리즈

□ 도와 주세요.　　**Help me** please.
　　　　　　　　헬ㅍ미 플리즈

□ 열어 주세요.　　**open** please.
　　　　　　　　오픈 플리즈

□ 닫아 주세요.　　**close** please.
　　　　　　　　클로즈 플리즈

□ 와 주세요.　　　**come** please.
　　　　　　　　컴 플리즈

□ 세워 주세요.　　**stop** please.
　　　　　　　　스탑 플리즈

□ 가져와 주세요.　**take** please.
　　　　　　　　테익 플리즈

바라는 게 있을 때

~ 싶어요.
I'd like to ~.
아이들라익 투 ~

□ 식사하고 싶어요.　　I'd like to **have a meal.**
　　　　　　　　　아이들라익 투 헤버 밀

□ 화장실에 가고　　　I'd like to **go to restroom.**
　싶어요.　　　　　아이들라익 투 고 투 뢰스트룸

□ 호텔에 돌아가고　　I'd like to **go back to hotel.**
　싶어요.　　　　　아이들라익 투 고 백 투 호텔

□ 사진 찍고 싶어요.　I'd like to **take a picture.**
　　　　　　　　　아이들라익 투 테이커 픽쳐ㄹ

□ 선물을 사고 싶어요.　I'd like to **buy some**
　　　　　　　　　souvenirs.
　　　　　　　　　아이들라익 투 바이 썸 수버니어ㄹ즈

□ 쉬고 싶어요.　　　I'd like to **take a rest.**
　　　　　　　　　아이들라익 투 테이커 뢰스트

~ 돼요?
Can I ~?
캐나이 ~

□ 봐도 돼요?
Can I see?
캐나이 씨

□ 앉아도 돼요?
Can I seat?
캐나이 씻

□ 들어가도 돼요?
Can I come in?
캐나이 컴인

□ 창문 열어도 돼요?
Can I open the window?
캐나이 오픈 더 윈도우

□ 담배 피워도 돼요?
Can I smoke?
캐나이 스목

□ 이 치마 입어 봐도 돼요?
Can I try on this skirt?
캐나이 트라이온 디스 스커ㄹ트

□ 이거 만져 봐도 돼요?
Can I touch this?
캐나이 터치 디스

□ 사진 찍어도 돼요?
Can I take a picture?
캐나이 테이커 픽쳐ㄹ

□ 이거 열어 봐도 돼요?
Can I open this?
캐나이 오픈 디스

～ 어디예요?
Where is ~?
웨어ㄹ 이즈 ～

□ 화장실 어디예요? **Where is restroom?**
웨어ㄹ 이즈 뤼스트룸

□ 출입구 어디예요? **Where is entrance?**
웨어ㄹ 이즈 엔트런스

□ 역 어디예요? **Where is subway station?**
웨어ㄹ 이즈 썹웨이 스테이션

□ 엘리베이터 어디 **Where is elevator?**
예요? 웨어ㄹ 이즈 엘리베이러

□ 택시타는 곳 어디 **Where is taxi stop?**
예요? 웨어ㄹ 이즈 택시 스탑

□ 슈퍼 어디예요? **Where is supermarket?**
웨어ㄹ 이즈 수퍼ㄹ마ㄹ켓

□ 버스정류장 어디 **Where is bus stop?**
예요? 웨어ㄹ 이즈 버스스탑

□ 편의점 어디예요? **Where is convenience store?**
웨어ㄹ 이즈 컴비니언스 스토어ㄹ

길을 잃었을 때 써먹자!

길을 잃었어요.

I'm lost.

아임 로스트

가까운 전철역이 어디예요?

Where is the nearest subway station?

웨어ㄹ 이즈 더 니어리스트 썹웨이 스테이션

여기가 어디예요?

Where is this?

웨어ㄹ 이즈 디스

여기에 가고 싶은데요.

I'd like to go here.

아이들라익 투 고 히어ㄹ

거기까지 어떻게 가요?
How can I get there?
하우 캐나이 겟 데어ㄹ ~

~로 가요.
by(on) ~.
바이 ~

□ 전철로 가요. by subway.
바이 섭웨이

□ 택시로 가요. by taxi.
바이 택시

□ 버스로 가요. by bus.
바이 버스

□ 배로 가요. by ship.
바이 쉽

□ 걸어서 가요. on foot.
온 풋

찾으시는 게 있으세요?
May I help you?
메이 아이 헬퓨

이건 뭐예요?
What's this?
왓츠 디스

※ 지도를 가리키며

저것 좀 봐도 돼요?
May I see that?
메이 아이 씨 댓

얼마예요?
How much is it?
하우 머취 이짓

그냥 구경 좀 할게요.
I'm just looking.
아임 져스 루킹

이거 살게요.
I will take this.
아 윌 테익 디스

~ 있어요?
Do you have ~?
두 유 헵 ~

□ 관광지도 있어요?　　Do you have **guidemap?**
　　　　　　　　　　　두 유 헵 가이드맵

□ 생수 있어요?　　　　Do you have **water?**
　　　　　　　　　　　두 유 헵 워터ㄹ

□ 손수건 있어요?　　　Do you have **handkerchief?**
　　　　　　　　　　　두 유 헵 행커치ㅍ

□ 엽서 있어요?　　　　Do you have **postcard?**
　　　　　　　　　　　두 유 헵 포스카ㄹ드

□ 칫솔 있어요?　　　　Do you have **toothbrush?**
　　　　　　　　　　　두 유 헵 투쓰브러시

□ 건전지 있어요?　　　Do you have **battery?**
　　　　　　　　　　　두 유 헵 배터뤼

□ 티슈 있어요?　　　　Do you have **tissue?**
　　　　　　　　　　　두 유 헵 팃슈

□ 볼펜 있어요?　　　　Do you have **ballpen?**
　　　　　　　　　　　두 유 헵 볼펜

□ 우산 있어요?　　　　Do you have **umbrella?**
　　　　　　　　　　　두 유 헵 엄브뤌러

~ 주세요.
~ please.
~ 플리즈

□ 메뉴판 주세요.　　**menu** please.
　　　　　　　　　　메뉴 플리즈

□ 샌드위치 주세요.　　**sandwich** please.
　　　　　　　　　　샌드위치 플리즈

□ 아이스크림 주세요.　**ice cream** please.
　　　　　　　　　　아이스크림 플리즈

□ 치킨 샐러드 주세요.　**chicken salad** please.
　　　　　　　　　　치킨 샐럿 플리즈

□ 치즈버거 주세요.　　**cheese burger** please.
　　　　　　　　　　치즈 버ㄹ거ㄹ 플리즈

□ 맥주 주세요.　　　　**beer** please.
　　　　　　　　　　비어 플리즈

□ 얼음물 주세요.　　　**iced water** please.
　　　　　　　　　　아이스드 워터ㄹ 플리즈

□ 오렌지 주스 주세요.　**orange juice** please.
　　　　　　　　　　오륀지 쥬스 플리즈

인사 하기

안녕하세요?

안녕하세요? (아침)

안녕하세요? (저녁)

안녕히 주무세요.

처음 뵙겠습니다.

오랜만이에요.

요즘 어때요?

| morning 아침 | evening 저녁 |
| afternoon 낮 | night 밤 |

헬로우

Hello!

굿 모닝

Good morning.

굿 이브닝

Good evening.

굿 나잇

Good night.

하우 두 유 두

How do you do?

롱 타임 노 씨

Long time no see.

하우 아ㄹ 유

How are you?

어떻게 지냈어요?

잘 지내요. / 그럭저럭.

당신은 어때요?

안녕히 가세요.

또 만나요.

살펴 가세요. / 행운을 빌어요.

좋은 하루 되세요.

즐거운 여행 되세요.

하우 헤뷰 빈
How have you been?

프리리 굿 / 퐈인 / 낫 배드 / 쏘–쏘
Pretty good. / Fine. / Not bad. / So-So

하우 어바우츄
How about you?

굿 바이
Good bye.

씨 유 어게인 / 씨 유 순
See you again. / See you soon.

테익 케어ㄹ / 굿 럭
Take care. / Good luck!

헤버 나이스 데이
Have a nice day.

헤버 나이스 츄립
Have a nice trip.

이름이 뭐예요?

나는 신재희라고 해요.

어디서 왔어요?

난 한국의 서울에서 왔어요.

미국은 처음이에요.

만나서 반가워요.

무슨 일 하세요?

대학생이에요.

korean 한국인	american 미국인	
japanese 일본인	student 학생	soldier 군인
chinese 중국인	officer 회사원	designer 디자이너

메이 아이 헤뷰어ㄹ 네임, 플리즈
May I have your name, please?

아임 재 희 신
I'm Jae-hui Sin.

웨어ㄹ 아ㄹ 유 프롬
Where are you from?

아임 프롬 서울, 코뤼아
I'm from Seoul, Korea.

디스 이즈 마이 퍼ㄹ스트 츄ㄹ립 투 더 유나이티드 스테이츠
This is my first trip to the United States.

나이스 투 밋츄
Nice to meet you.

왓 두 유 두
What do you do?

아이머 컬리지 스투던트
I'm a college student.

전공이 뭐예요?

한국에 가보셨어요?

한국은 일본과 중국사이에 있어요.

감사와 사과

감사합니다.

고마워요.

천만에요.

실례합니다.

미안해요.

왓 이즈 유어ㄹ 메이져ㄹ

What is your major?

헤뷰 에버ㄹ 빈 투 코뤼아

Have you ever been to Korea?

코뤼아 이즈 비튄 저팬 앤 챠이나

Korea is between Japan and China.

appreciate 감사하다	owe 빚지다
apology 사과	forgive 용서하다
fault 잘못	late 지각하다

아이 어프뤼쉐이딧

I appreciate it.

쌩큐 / 쌩스

Thank you. / Thanks.

유어ㄹ 웰컴 / 마이 플레져ㄹ

You're welcome. / My pleasure.

익스큐즈 미

Excuse me.

아임 쏘리

I'm sorry.

사과할게요.

제 실수였어요.

괜찮아요.

신경 쓰지 마세요.

신세 많이 졌습니다.

날 용서해줘요.

대답과 맞장구

예.

아니오.

아이 어팔러자이즈
I apologize.

잇 워즈 마이 폴트
It was my fault.

이츠 얼 롸잇. 댓츠 오케이
It's all right. That's O.K.

네버ㄹ 마인드
Never mind.

아이 오 유 얼랏
I owe you a lot.

깁미 어 챈스
Give me a chance.

cool 멋있다	interesting 재밌다	
great 대단하다	good 좋다	cute 귀엽다
joyful 즐겁다	bad 나쁘다	disgusting 혐오스럽다

예스
Yes.

노
No.

아니, 괜찮아요.

알았어요.

모르겠어요.

좋네요.

대단해요!

정말요?

그럼요.

그런 것 같아요.

맞아요.

노, 쌩스
No, thanks.

아이 씨 / 아이 가릿
I see. / I got it.

아이 헵 노 아이디어
I have no idea.

굿 / 그뤠잇 / 엑설런트
Good. / Great. / Excellent.

그뤠잇 / 원더ㄹ풀 / 어메이징
Great! / Wonderful! / Amazing!

뤼얼리
Really?

슈어ㄹ / 썰튼리
Sure. / Certainly.

아이 씽 소
I think so.

댓츠 롸잇
That's right.

뭐라고요?

한 번 더 말해 주세요.

죄송해요, 못 들었어요.

좀 천천히 말해 주세요.

여기 써주세요.

좀 도와주시겠어요?

부탁해도 될까요?

잠깐 기다려 주세요.

write 쓰다	slowly 천천히
listen 듣다	quikly 빨리
speak 말하다	wait 기다리다

파르든 / 아임 쏘리
Pardon? / I'm sorry?

플리즈 쎄이 잇 어게인
Please say it again.

쏘리 아이 디든 히어ㄹ 유
Sorry I didn't hear you.

플리즈 스픽 모어ㄹ 슬로울리
Please speak more slowly.

플리즈 롸잇 잇 다운 히어ㄹ
Please write it down here.

쿠쥬 헬프 미
Could you help me?

메이 아이 애스큐 어 페이버ㄹ
May I ask you a favor?

플리즈 웨잇 포ㄹ 미
Please wait for me.

뭐 좀 물어봐도 될까요?

들어가도 되나요?

물론이죠.

축하인사

축하합니다!

메리 크리스마스.

새해 복 많이 받으세요.

생일 축하합니다.

만수무강하십시오.

메이 아이 애스큐 썸씽
May I ask you something?

메이 아이 컴 인
May I come in?

슈어ㄹ
Sure.

christmas 크리스마스
easter 부활절   birthday 생일
thanksgiving day 추수감사절   wedding anniversary 결혼기념일

콩그뤼츌레이션스
Congratulations!

메뤼 크뤼스마스
Merry Christmas.

해피 뉴 이어ㄹ
Happy new year.

해피 버ㄹ쓰데이
Happy birthday.

메니 해피 뤼턴스 옵더 데이
Many happy returns of the day.

출발

탑승권을 보여주시겠어요?

내 자리 어디예요?

지나가도 될까요?

여기 짐을 놓아도 될까요?

좌석벨트를 매세요.

기내서비스

담요 좀 주실래요?

departure 출발	board 탑승하다	
arrival 도착	travel agency 여행사	
delay 연기하다	round ticket 왕복티켓	flight 여행(기)
passenger 승객	oneway ticket 편도티켓	baggage 수하물

유어ㄹ 보ㄹ딩 패스, 플리즈

Your boarding pass, please.

웨어ㄹ 이즈 마이 씻

Where is my seat?

메이 아이 겟 쓰루 플리즈

May I get through, please?

캐나이 풋 마이 배기쥐 히어ㄹ

Can I put my baggage here?

플리즈 패슨 유어ㄹ 씻 벨트

Please fasten your seat belt.

blanket 담요	magazine 잡지	drink 음료
pillow 베개	earphone 이어폰	meal 식사
newspaper 신문	I feel airsick. 멀미가 나요.	

메이 아이 헤버 블랭킷, 플리즈

May I have a blanket, please?

베개 좀 주실래요?

어떤 음료가 있나요?

커피 좀 더 주시겠어요?

물 주세요.

식사는 언제 나와요?

닭고기와 생선 중 뭘 드릴까요?

생선으로 주세요. 식사는 필요없어요.

식사 끝나셨어요?

이것 좀 치워주시겠어요?

메이 아이 해버 필로우, 플리즈

May I have a pillow, please?

왓 카인더브 드링크 두 유 헵

What kind of drink do you have?

메이 아이 헵 썸 모ㄹ 커피, 플리즈

May I have some more coffee, please?

워러ㄹ, 플리즈

Water, please.

웬 두 유 서ㄹ브 더 밀

When do you serve the meal?

위치 우쥬 라익, 치킨 오ㄹ 피시

Which would you like, chicken or fish?

피시, 플리즈.　　　노 밀, 쌩큐

Fish, please. No meal, thank you.

아ㄹ 유 피니시드

Are you finished?

쿠쥬 테이커웨이 마이 트뤠이

Could you take away my tray?

입국신고서

입국신고서를 작성하세요.

작성하는 것 좀 도와주실래요?

펜 좀 빌릴 수 있을까요?

여기는 뭘 써야 하나요?

한 장 더 주시겠어요?

입국심사

여권을 보여주시겠어요?

입국목적이 무엇입니까?

fill 채우다	occupation 직업	
borrow 빌리다	disembarkation card 입국신고서	
form 서류양식	embarkation card 출국신고서	

필 아웃 어 랜딩 카ㄹ드
Fill out a landing card.

쿠쥬 헬프미 투 필 인 디스 폼
Could you help me to fill in this form?

캐나이 버로우 어 펜
Can I borrow a pen?

왓 슈다이 롸잇 히어ㄹ
What should I write here?

쿠다이 헵 어나더ㄹ 원
Could I have another one?

passport 여권	week 주	business 업무
visit 방문하다	month 월	honeymoon 신혼여행
purpose 목적	sightseeing 관광	studying 유학
stay 머무르다	day 일	to visit my relatives 친척방문

메이 아이 씨 유어ㄹ 패스포ㄹ
May I see your passport?

왓츠 더 퍼ㄹ포스 옵 유어ㄹ 비짓
What's the purpose of your visit?

관광이요.

얼마나 머무를 예정이세요?

일주일이요.

짐 찾기

짐을 어디에서 찾나요?

내 짐이 없어졌어요.

어느 비행기로 오셨어요?

수하물 표는 가지고 있나요?

제 호텔로 보내주세요.

포ㄹ 싸잇씨잉
For sightseeing.

하우 롱 윌 유 비 히어ㄹ
How long will you be here?

포ㄹ 어 윅
For a week.

웨어ㄹ 캐나이 겟 마이 배기쥐
Where can I get my baggage?

마이 러기쥐즈 미씽
My baggage is missing.

위치 플라잇 워ㄹ 유 온
Which flight were you on?

두 유 헤뷰어ㄹ 클레임 택스
Do you have your claim tags?

플리즈 센딧 투 마이 호텔
Please send it to my hotel.

세관

신고할 물건이 있나요?

없어요.

가방을 열어주세요.

이것은 세금을 내야 합니다.

얼마나 물어야 하나요?

declare 신고하다	tax 세금
pay 지불하다	alcohol 술
suitcase 여행가방	cigarette 담배

두 유 헵 애니씽 투 디클레어ㄹ

Do you have anything to declare?

출입국

세관

낫씽

Nothing.

오픈 유어ㄹ 백 플리즈

Open your bag, please.

유 헵투 페이 듀리 온 디스

You have to pay duty on this.

하우 머춰 두 아이 헵 투 페이

How much do I have to pay?

• 체크인

투숙하고 싶은데요.

예약을 해두었어요.

빈 방 있어요?

하룻밤에 얼마예요?

전망이 좋은 방으로 부탁해요.

아침 식사 포함이에요?

얼마나 머물 예정인가요?

view 전망	double room 더블룸	breakfast 아침식사
hotel 호텔	twin room 트윈룸	check in 체크인
inn 여관	single room 싱글룸	check out 체크아웃

숙박

체크인

아이들라익 투 첵킨 플리즈

I'd like to check in, please.

아이 헤버 뢰저ㄹ베이션

I have a reservation.

두 유 헵 애니 베이컨시즈

Do you have any vacancies?

하우 머취 이짓 퍼 나잇

How much is it per night?

아이들라익 어 룸 위더 나이스 뷰

I'd like a room with a nice view.

이즈 브렉풔스트 인클루디드

Is breakfast included?

하우 롱 윌 유 비 스테잉

How long will you be staying?

방을 볼 수 있나요?

여기에 써주세요.

체크아웃은 몇 시예요?

짐을 들어 주시겠어요?

프런트에서

인터넷을 이용할 수 있어요?

한국에 전화하고 싶은데요.

귀중품을 맡기고 싶은데요.

제 앞으로 메시지가 있나요?

메이 아이 씨 더 룸
May I see the room?

필 인 디스 폼 플리즈
Fill in this form, please.

웬 이즈 더 첵카웃 타임
When is the check out time?

쿠쥬 캐뤼 마이 러기쥐 플리즈
Could you carry my luggage, please?

korean 한국어	phone 전화	airmail 항공우편
japanese 일본어	floor 층	exchange 환전
internet 인터넷	valuables 귀중품	message 메시지

두 유 헵 인터ㄹ넷
Do you have internet?

아이들라익 투 메이커 콜 투 코뤼아, 플리즈
I'd like to make a call to Korea, please.

아이들라익 투 첵 마이 벨류어블즈
I'd like to check my valuables.

아ㄹ 데어ㄹ 애니 메시지즈 포ㄹ 미
Are there any messages for me?

이걸 항공우편으로 보내주세요.

객실에서

여보세요, 402호실입니다.

룸 서비스 부탁해요.

세탁 좀 부탁해요./(노크소리) 누구세요?

룸 서비스가 아직 안 왔어요.

샌드위치와 커피 부탁해요.

테이블 위에 놓아주세요.

다리미를 쓰고 싶은데요.

쿠쥬 센 디스 바이 에어ㄹ메일 플리즈
Could you send this by airmail, please?

cleaning 세탁	towel 수건	bed 침대	ask 부탁하다
table 테이블	blanket 담요	shoes 구두	iron 다리미
sheet 시트	pillow 베개	coffee 커피	ice 얼음

헬로우, 디시즈 룸 포ㄹ오투
Hello, this is room 402.

캐나이 애스크 포ㄹ 어 룸 써ㄹ비스
Can I ask for a room service?

로운더뤼 써ㄹ비스 플리즈 / 후 이짓
Laundry service, please. / Who is it?

더 룸 써ㄹ비스 해즌 컴 옛
The room service hasn't come yet.

아이들라익 샌드위치 앤 커피, 플리즈
I'd like sandwich and coffee, please.

쿠쥬 푸딧 온 더 테이블, 플리즈
Could you put it on the table, please?

메이 아이 유즈 언 아이언
May I use an iron?

얼음 좀 주세요.

아침 7시에 모닝콜 해주세요.

고마워요. 이건 팁이에요.

문제가 생겼을 때

문제가 생겼어요.

방에 키를 두고 나왔어요.

불이 안 들어와요.

화장실이 고장났어요.

뜨거운 물이 안 나와요.

아이들라익 썸 아이스
I'd like some ice.

웨익 미 업 앳 쎄븐
Wake me up at 7.

쌩큐. 디스 이즈 포ㄹ 유
Thank you. This is for you.

숙
박

문
제
가
생
겼
을
때

lamp 전등	air conditioner 에어컨	bath 욕조
toilet 화장실	hair drier 드라이기	razor 면도기
toilet bowl 변기	television 텔레비전	closet 옷장

아이 헤버 프러블럼
I have a problem.

아이 헵 락트 마이셀프 아웃
I have locked myself out.

더 라잇 더즌 워ㄹ크
The light doesn't work.

더 토일릿 이즌 플러�슁
The toilet isn't flushing.

핫 워터ㄹ 더즌 워ㄹ크
Hot water dosen't work.

에어컨이 안 들어와요.

냉장고가 안 돌아가요.

방을 바꿔주세요.

옆방이 너무 시끄러워요.

시트를 갈아주세요.

빨리 해주세요.

체크아웃

체크아웃 부탁해요.

카드로 계산할게요.

디 에어 컨디셔너 더즌 워ㄹ크

The air-conditioner doesn't work.

더 리프리지뢰이터ㄹ 더즌 워ㄹ크

The refrigerator doesn't work.

플리즈 체인지 더 룸

Please change the room.

더 넥스트 룸 이즈 베리 노이지

The next room is very noisy.

플리즈 체인지 더 쉿

Please change the sheet.

애즈 순 애즈 파서블, 플리즈

As soon as possible, please.

luggage 짐	forget 잊다	check out 체크아웃
reciept 영수증	one night 1박	keep 맡다
taxi 택시	two nights 2박	bill 계산서

아이들라익 투 체카웃, 플리즈

I'd like to check out, please.

아일 푸딧 온 마이 카ㄹ드

I'll put it on my card.

이건 무슨 요금이에요?

전화는 쓰지 않았어요.

어제 계산했어요.

계산이 잘못된 것 같은데요.

하루 일찍 나가려고 해요.

택시 좀 불러주세요.

방에 두고 온 물건이 있는데요.

하루 더 연장하고 싶어요.

5시까지 짐을 좀 맡아주세요.

왓츠 디스 포ㄹ

What's this for?

아이 디든 유즈 더 폰

I didn't use the phone.

아이 페이드 예스터ㄹ데이

I paid yesterday.

디스 어마운트 이즈 뤄엉

This amount is wrong.

아일 리브 원 데이 어ㄹ리어ㄹ

I'll leave one day earlier.

우쥬 겟 미 어 택시

Would you get me a taxi?

아이 레프ㅌ 썸띵 인 마이 룸

I left something in my room.

아이들라익 투 스테이 원 모어ㄹ 나잇

I'd like to stay one more night.

플리즈 킵 마이 러기쥐 언틸 파이브

Please keep my luggage until five.

정보입수

배가 고파요.

괜찮은 식당 있어요?

이곳 특유의 음식을 먹고 싶어요.

한국 식당은 어디예요?

어떻게 가나요?

음식점에서

7시에 예약했어요.

western food 양식	dessert 후식	
chinese food 중식	restaurant 식당	
japanese food 일식	rice 밥	chicken 닭고기
korean food 한식	bread 빵	fish 생선

아임 헝그뤼

I'm hungry.

이즈 데어러 나이스 뢰스토랑

Is there a nice restaurant?

아이들라익 투 헵 썸 로컬 푸드

I'd like to have some local food.

웨어ㄹ 이져 코뤼언 뢰스토랑

Where is a Korean restaurant?

쿠쥬 텔 미 하우 투 겟 데어ㄹ

Could you tell me how to get there?

reservation 예약	customer 손님	
name 이름	spoon 숟가락	
menu 메뉴	chopsticks 젓가락	plate 접시
order 주문	fork 포크	napkin 냅킨

아이 헤버 뢰져베이션 앳 쎄븐

I have a reservation at seven.

지금 자리가 없습니다.

금연석과 흡연석중 어느쪽으로?

이쪽으로 오십시오. / 메뉴 좀 보여주세요.

주문은 뭘로 하시겠습니까?

주문 좀 받아주세요.

저거랑 같은 걸로 주실래요?

뭐가 맛있어요?

오늘의 요리는 뭐예요?

이건 주문한 요리가 아니에요.

쏘리, 올 더 테이블즈 아ㄹ 풀 나우
Sorry, all the tables are full now.

스모킹 오ㄹ 논 스모킹
Smoking or non-smoking?

디스 웨이, 플리즈 / 더 메뉴, 플리즈
This way, please. / The menu, please.

메이 아이 테익큐어 오ㄹ더ㄹ
May I take your order?

메이 아이 오ㄹ더ㄹ
May I order?

캐나이 헵 더 쎄임 디쉬 애즈 댓
Can I have the same dish as that?

왓 두 유 뢰커맨
What do you recommend?

왓츠 투데이즈 스페셜
What's today's special?

디스 이즈 낫 왓 아이 오ㄹ더ㄹ드
This is not what I ordered.

요리가 아직 안 나왔어요.

이건 어떤 요리예요?

이건 어떻게 먹어요?

빵을 좀 더 주세요.

혹시 젓가락 있나요?

물 좀 주세요.

와인 한 잔 더 주세요.

맛있어요.

dish 요리	seafood 해산물	drink 마시다
delicious 맛있다	vegetable 야채	pepper 후추
soup 스프	eat 먹다	salt 소금	chilli sauce 칠리소스

마이 디쉬 해즌 컴 옛
My dish hasn't come yet.

왓 카인도브 디쉬 이즈 디스
What kind of dish is this?

하우 두 아이 잇 디스
How do I eat this?

메이 아이 헵 썸 모어ㄹ 브레드 플리즈
May I have some more bread, please?

메이 아이 헵 찹스틱스
May I have chopsticks?

어 글래스 옵 워터ㄹ, 플리즈
A glass of water, please.

어나더ㄹ 글래스 옵 와인 플리즈
Another glass of wine, please.

테이스트 그뤠잇
Taste great!

식
사

식
사
중
에

그릇 좀 치워주시겠어요?

후식 드시겠어요?

이걸로 할게요.

● **패스트푸드**

드시고 가실 건가요?

가져갈 / 먹고갈 거예요.

치즈버거 하나랑 콜라요.

더 필요한 건 없으세요?

그게 다예요.

쿠쥬 테익 디쉬스 어웨이
Could you take dishes away?

우쥬 라익 썸 디저ㄹ트
Would you like some dessert?

아이들라익 투 테익 디스
I'd like to take this.

sandwich 샌드위치	dressing 드레싱	coke 콜라
hamburger 햄버거	orange juice 오렌지주스	jam 잼
french fries 감자튀김	ketchup 케첩	chicken salad 치킨샐러드

포ㄹ 히어ㄹ 오ㄹ 투 고
For here or to go?

투 고 / 포ㄹ 히어ㄹ 플리즈
To go/For here, please.

어 치즈 버ㄹ거ㄹ 앤 더 콕 플리즈
A cheese burger and a coke, please.

애니띵 엘스
Anything else?

댓츠 올
That's all.

술집에서

뭘로 드시겠어요?

생맥주 한 잔 주세요.

한 잔 더 주세요.

스카치위스키를 얼음에 타주세요.

재떨이 갈아주세요.

찻집에서

뜨거운 커피 주세요.

차게 해 주세요.

draft beer 생맥주	cocktail 칵테일	wine 와인
side dish 안주	whiskey 위스키	water 물
vodka 보드카	ashtray 재떨이	cheers 건배

왓 우쥬 라익 투 드링크

What would you like to drink?

어 드래프트 비어ㄹ, 플리즈

A draft beer, please.

원 모어ㄹ, 플리즈

One more, please.

스카치 온 더 락스, 플리즈

Scotch on the rocks, please.

쿠쥬 체인지 디 애쉬트레이 플리즈

Could you change the ashtray, please?

식사

술집에서 / 찻집에서

milk 우유	soda 탄산음료	green tea 녹차
juice 주스	vanilla 바닐라	iced coffee 냉커피
black tea 홍차	cafe late 카페라떼	hot chocolate 핫쵸코

핫 커피 플리즈

Hot coffee, please.

콜드 플리즈

Cold, please.

전통차는어떤게있어요?

가져갈 수 있어요?

리필 되나요?

계산

계산해 주세요.

따로따로 내고 싶은데요.

거스름돈이 틀려요.

영수증 주세요.

선불입니다.

두 유 헵 애니 트뢰디셔널 티
Do you have any traditional tea?

캐나이 테이커웨이
Can I take away?

캐나이 게러 뤼필
Can I get a refill?

wrong 틀리다	pay 지불하다	
receipt 영수증	pay in advance 선불	check 계산
change 거스름돈	service charge 봉사료	tip 팁

첵 플리즈
Check, please.

세퍼레이트 첵스
Separate checks.

유브 게입 미 더 롱 체인지
You've gave me the wrong change.

메이 아이 헤버 리십트
May I have a receipt?

플리즈 페이 포ㄹ 유어ㄹ 오ㄹ더ㄹ 인 어드밴스
Please pay for your order in advance.

길을 물을 때

실례합니다.

길을 잃었어요. 여기가 어디죠?

길을 좀 가르쳐 주세요.

~에 가려고 해요.

지하철역이 어디예요?

이 근처에 ~가 있어요?

이 지도에서 여기가 어디쯤이에요?

subway 전철	map 지도	on foot 걸어서
station 역	near 가깝다	by bus 버스로
where 어디	far 멀다	by taxi 택시로

익스큐즈 미
Excuse me.

아임 로스트. 웨어ㄹ 엠 아이
I'm lost. Where am I?

쿠쥬 쇼 미 더 웨이
Could you show me the way?

아임 루킹 포ㄹ
I'm looking for ~.

웨어ㄹ 이즈 더 니어리스트 섭웨이 스테이션
Where is the nearest subway station?

이즈 데어ㄹ ~ 니어ㄹ 히어ㄹ
Is there ~ near hear?

웨어ㄹ 엠 아이 나우 온 디스 맵
Where am I now on this map?

이
동

길을 물을 때

거기까지 어떻게 가나요?

여기서 얼마나 멀어요?

걸어갈 수 있어요?

오른쪽으로 돌아서 곧장 가세요.

지하철

표 사는 곳이 어디예요?

저쪽 자동판매기에서 사면 돼요.

지하철 노선도 있어요?

이거 타면 ~에 가나요?

하우 캔 아이 겟 데어ㄹ
How can I get there?

하우 파ㄹ 프롬 히어ㄹ
How far from here?

이짓 워킹 디스턴스
Is it walking distance?

턴 롸잇 앤 고 스트라잇
Turn right and go straight.

ticket 표	last train 막차	there 거기
where 어디	next 다음	past 지난
which 어느	coin locker 보관함	here 여기 how 어떻게

지 하 철

웨어ㄹ 캐나이 바이 어 티켓
Where can I buy a ticket?

유 캔 겟 원 프롬 댓 티켓 머신
You can get one from that ticket machine.

두 유 헤버 섭웨이 맵
Do you have a subway map?

이즈 디스 포ㄹ～
Is this for ~?

어디서 갈아타요?

다음 역이 ~ 인가요?

~ 까지 두 장 주세요.

국립박물관은 어디로 나가요?

어느 걸 타야 시내로 가나요?

막차가 언제예요?

보관함은 어디 있어요?

버스

버스정류장은 어디인가요?

웨어ㄹ 슈다이 트랜스퍼ㄹ
Where should I transfer?

이즈 더 넥스트 스테이션
Is the next station ~?

투 티켓스 투~, 플리즈
Two tickets to ~, please.

위치 엑싯 이짓 투 더 내셔널 뮤지엄
Which exit is it to the National Museum?

위치 라인 고즈 투 다운타운
Which line goes to downtown?

왓 타임 이즈 더 라스트 트레인
What time is the last train?

웨어ㄹ 이즈 더 코인 락커
Where is the coin locker?

이
동

버
스

bus stop 버스정류장	passenger 승객	
seat 좌석	take 타다	go to 가다
driver 운전기사	get off 내리다	transfer 갈아타다

웨어ㄹ 이즈 더 버스 스탑
Where is the bus stop?

몇 번 버스 타면 돼요?

이 버스 타면 ~ 가요?

다음 버스는 언제 와요?

내려요!

고속버스 여행

고속버스터미널은 어디예요?

버스시간표 있나요?

~ 가는 버스는 어디서 타나요?

얼마나 걸려요?

위치 버스 슈다이 테이크
Which bus should I take?

더즈 디스 버스 고 투 ~
Does this bus go to ~?

웬 더즈 더 넥스트 버스 컴
When does the next bus come?

아일 겟 오프 히어
I'll get off here.

timetable 버스시간표	How long 얼마나
express bus 고속버스	bus stop 버스정류장
sightseeing bus 관광버스	bus terminal 버스터미널

웨어ㄹ 이즈 더 익스프레스 버스 터ㄹ미널
Where is the express bus terminal?

메이 아이 씨 더 타임테이블
May I see the timetable?

웨어ㄹ 더즈 더 버스 포ㄹ ~ 리브
Where does the bus for ~ leave?

하우 롱 더짓 테익
How long does it take?

~까지 얼마예요?

택시

어디로 가세요?

이 주소로 가주세요.

~ 호텔까지 부탁해요.

트렁크에 짐을 실어도 되나요?

공항까지 얼마나 나와요?

여기 세워주세요.

여기서 기다려 주세요.

하우 머취 이짓 투
How much is it to ~?

go 가다   wait 기다리다   luggage 짐
come 오다   pick up 태우다   airport 공항
stop 세우다   trunk 트렁크   hurry 서두르다

웨어ㄹ 투
Where to?

투 디스 어드레스, 플리즈
To this address, please.

투 더 ~호텔, 플리즈
To the ~ hotel, please.

메이 아이 풋 마이 러기쥐 인 더 트렁크
May I put my luggage in the trunk?

하우 머취 윌 잇 코스투 디 에어포ㄹ
How much will it cost to the airport?

플리즈 스탑 히어ㄹ
Please stop here.

쿠쥬 웨잇 히어ㄹ, 플리즈
Could you wait here, please?

이동

택시

10분 안에 돌아올게요.

1시간 후에 다시 와주세요.

서둘러 주세요.

거스름돈은 됐어요.

📝 교통 관련 단어

좌석	seat 씻
짐	baggage 배기지
지정좌석	reserved seat 뤼저ㄹ브드 씻
창가자리	window seat 윈도우 씻
식당차	dining car 다이닝 카ㄹ
주유소	gas station 개스 스테이션
시간표	timetable 타임테이블
프리패스	freepass 프리패스
전화카드	telephone card 텔레폰 카ㄹ드
국제전화	international telephone 인터ㄹ내셔널 텔레폰

아일 비 백 인 텐 미닛
I'll be back in 10 minutes.

쿠주 픽 미 업 히어ㄹ 인 언 아우어ㄹ
Could you pick me up here in an hour?

아임 인 어 허뤼
I'm in a hurry.

킵 더 체인지, 플리즈
Keep the change, please.

버스	bus	버스
리무진버스	limousine bus	리무진 버스
고속버스	express bus	익스프레스 버스
관광버스	sightseeing bus	사잇씨잉 버스
버스정류장	bus stop	버스 스탑
버스터미널	bus terminal	버스 터ㄹ미널
택시	taxi	택시
지하철	subway	섭웨이
기차	train	트레인
배	ship	쉽

관광안내소에서

관광안내소는 어디 있어요?

시내지도 있어요?

한국어 안내책자 있어요?

가장 가볼만한 곳은 어디인가요?

가이드를 고용할 수 있나요?

~를 보고 싶어요.

유적지가 있나요?

tour 관광	timetable 시간표	city map 시내지도
guide 가이드	information 안내	observatory 전망대
road map 노선도	brochure 안내책자	festival 축제

웨어ㄹ 이즈 더 투어리스트 인포메이션 센터ㄹ

Where is the tourist information center?

메이 아이 헤버 씨티 맵

May I have a city map?

두유 헤버 브로셔 인 코리언

Do you have a brochure in Korean?

웨어ㄹ 이즈 더 베스트 플레이스 투 씨

Where is the best place to see?

이짓 파써블 투 하이어ㄹ 어 가이드

Is it possible to hire a guide?

아이 원 투 씨 더 ~

I want to see the ~.

아ㄹ 데어ㄹ 애니 히스토리컬 사이츠

Are there any historical sites?

관광

관광안내소에서

어떤 프로그램들이 있나요?

여기서 예약할 수 있어요?

이 투어 신청하고 싶은데요.

언제 출발해요?

관광지에서

입장권은 어디서 사요?

어른 두 장 주세요.

학생할인 되나요?

화장실이 어디예요?

두 유 헤버 씨티 투어ㄹ 버스

Do you have a city tour bus?

캐나이 메이커 레저베이션 히어ㄹ

Can I make a reservation here?

아이들라익 투 조인 어 투어ㄹ

I'd like to join a tour.

왓 타임 더짓 리브

What time does it leave?

entrance 입장	student 학생	smoking area 흡연구역
no smoking 금연	child 어린이	
souvenir 기념품	adult 어른	

웨어ㄹ 캐나이 바이 어 티켓

Where can I buy a ticket?

투 어덜츠, 플리즈

Two adults, please.

두 스투던츠 게러 디스카운트

Do students get a discount?

웨어ㄹ 이즈 더 레스트룸

Where is the restroom?

관광지에서

기념품은 어디서 팔아요?

• **사진찍기**

사진 좀 찍어 주시겠어요?

여길 누르면 돼요.

함께 사진을 찍어도 될까요?

저게 보이게 찍어주세요.

건전지는 어디서 파나요?

• **박물관·미술관**

오늘 문 여나요?

웨어ㄹ 이즈 더 기프트샵
Where is the gift shop?

> no photographing 촬영금지
> battery 건전지
> take a picture 사진을 찍다

쿠쥬 테익 마이 픽쳐
Could you take my picture?

져스 프레스 디스 버튼, 플리즈
Just press this button, please.

우쥬 포즈 윗 미
Would you pose with me?

테이커 픽쳐 윗 댓
Take a picture with that.

웨어ㄹ 캐나이 바이 어 배러리
Where can I buy a battery?

> entrance 입구 museum 박물관 theater 영화관
> exit 출구 gallery 미술관 brochure 팸플릿
> admission fee 입장료 emergency exit 비상구

이즈 더 뮤지엄 오픈 투데이
Is the museum open today?

사
진
찍
기
/
박
물
관
·
미
술
관

들어가도 돼요?

입장료가 얼마예요?

입구는 어디예요?

안에서 사진 찍어도 돼요?

몇 시까지 해요?

무료 안내 팸플릿 있어요?

엽서 있어요?

여자화장실은 어디인가요?

가방 좀 맡아주시겠어요?

캐나이 고 인
Can I go in?

하우 머취 이즈 디 어드미션 피
How much is the admission fee?

웨어ㄹ 이즈 디 엔트런스
Where is the entrance?

메이 아이 테이커 픽쳐 인사이드
May I take a picture inside?

왓 타임 더즈 잇 클로즈
What time does it close?

두유 헤버 프리 브로셔
Do you have a free brochure?

두유 헵 애니 포스트카ㄹ즈
Do you have any postcards?

웨어ㄹ 이즈 더 레이디즈 룸
Where is the ladies' room?

캔 유 킵 마이 백스 포ㄹ 미
Can you keep my bags for me?

박물관·미술관

출구가 어디예요?

● 관람

지금 표를 살 수 있어요?

앞자리로 부탁해요.

좌석이 매진되었습니다.

이 자리 비어 있어요?

제일 싼 자리로 주세요.

웨어ㄹ 이즈 디 엑싯
Where is the exit?

play 경기	sold out 매진
stadium 경기장	cheap 싸다
consert 콘서트	standing seat 입석

캐나이 스틸 게러 티켓
Can I still get a ticket?

프런트 로우, 플리즈
Front row, please.

쏘리, 솔다웃
Sorry, sold out.

이즈 디스 씻 프리
Is this seat free?

더 치피스트 원, 플리즈
The cheapest one, please.

관
람

• 환전

환전소 어디예요?

달러로 환전해 주세요.

잔돈이 필요해요.

오늘 환율이 얼마인가요?

이것을 현금으로 바꿔주세요.

• 가게에서

찾으시는 게 있으세요?

need 필요하다	exchange rate 환율	change 바꾸다
money 돈	coin 동전	check 수표
won 원	traveler's check 여행자수표	cash 현금

웨어ㄹ 캐나이 체인지 머니

Where can I change money?

익스체인지 원 포ㄹ 달러즈

Exchange won for dollars.

아이 닛 썸 체인지

I need some change.

왓 이즈 더 익스체인지 레잇

What is the exchange rate?

아이들라익 투 캐쉬 디스

I'd like to cash this.

this 이거	that 저거	pick up 만지다
which one 어느 것	price 값	it 그거
cheap 싸다	buy 사다	expensive 비싸다

하우 캐나이 헬퓨

How can I help you?

그냥 구경 좀 하려고요.

이건 어떠세요?

저거 보여주세요.

만져봐도 돼요?

이거 얼마예요?

전부 얼마예요?

비싸네요.

좀 더 싼 거 없어요?

이거 주세요.

아임 져스 루킹
I'm just looking.

하우 어바웃 디스
How about this?

쇼 미 댓 원
Show me that one.

캐나이 픽 잇 업
Can I pick it up?

하우 머취 이즈 디스
How much is this?

하우 머취 이짓 올 투게더ㄹ
How much is it all together?

잇츠 투 익스펜시브
It's too expensive.

에니씽 치퍼ㄹ
Anything cheaper?

아일 테익 디스 원
I'll take this one.

가
게
에
서

이 지역의 특산품은 뭐예요?

이 책을 찾고 있어요.

선물을 사고 싶은데요.

생각해 볼게요.

포장해 주실 수 있어요?

가격표는 떼 주세요.

따로따로 포장해 주세요.

- **옷 사기**

입어봐도 돼요?

왓 이즈 어 파퓰러ㄹ 로컬 프로덕트
What is a popular local product?

아임 루킹 포ㄹ 디스 북
I'm looking for this book.

아이들라익 투 바이 썸 수버니어ㄹ즈
I'd like to buy some souvenirs.

아일 씽커바웃 잇
I'll think about it.

캔 유 뢔핏, 플리즈
Can you wrap it, please?

테익 오프 더 프라이스 택스, 플리즈
Take off the price tags, please.

뢥 뎀 세퍼레이틀리, 플리즈
Wrap them separately, please?

more 더	long 긴	skirt 치마	perfect 맞다
big 큰	short 짧은	sweater 스웨터	color 색깔
small 작은	shirt 셔츠	trouser 바지	underwear 속옷

캐나이 트라이 온
Can I try on?

탈의실 어디예요?

이거 옷감이 뭐예요?

어떠세요?

딱 맞아요.

너무 커요.

잘 어울려요.

허리가 꽉 껴요.

다른 색깔도 있어요?

새 것으로 주세요.

웨어ㄹ 이즈 더 피팅 룸
Where is the fitting room?

왓 이즈 디스 메이드 포ㄹ
What is this made for?

하우 우쥬 라이킷
How would you like it?

잇츠 퍼ㄹ펙트
It's perfect.

디스 이즈 투 빅
This is too big.

디스 이즈 굿 온 유
This is good on you.

디스 이즈 어 리를빗 타잇 어라운드 마이 웨이스트
This is a little bit tight around my waist.

플리즈 쇼 미 어나더ㄹ 컬러ㄹ
Please show me another color.

플리즈 깁 미 어 뉴 원
Please give me a new one.

옷
사
기

별로 마음에 들지 않아요.

구두 사기

신어봐도 돼요?

저 구두 얼마예요?

발 치수가 어떻게 되세요?

운동화를 찾고 있어요.

발 끝이 좀 조이는군요.

값을 깎을 때

조금 비싸네요.

쏘리, 벗 아이 돈 라이킷

Sorry, but I don't like it.

shoes 구두	sandal 샌들	sneakers 운동화
boots 부츠	size 치수	tight 조이다
high heel 하이힐	loose 헐렁하다	put on 신다

메이 아이 트라이 디즈 온

May I try these on?

하우 머취 아ㄹ 도즈 슈즈

How much are those shoes?

왓 사이즈 두유 웨어ㄹ

What size do you wear?

아임 루킹 포ㄹ 스니커ㄹ즈

I'm looking for sneakers.

잇쳐 빗 타잇 인 더 프런트

It's a bit tight in the front.

dollars 달러	want 갖고 싶다	expensive 비싸다
Give me 주다	discount 할인	little 조금
fixed price 정찰가	little more 좀 더	

잇쳐 리를 익스펜시브

It's a little expensive.

깎아주세요.

좀 더 싸게 해주세요.

갖고 싶은데 예산초과예요.

10달러에 주세요.

계산하기

계산은 어디서 해요?

이 카드 돼요?

계산은 어떻게 하시겠어요?

현금으로 낼게요.

깁미 썸 디스카운트
Give me some discount.

캐나이 헤버 리를 모어ㄹ 오버 디스카운트
Can I have a little more of a discount?

아이 헤븐트 디사이디드 옛 비코즈 옵더 프라이스
I haven't decided yet because of the price.

메이킷 텐 달러즈
Make it 10 dollars.

cashier 계산	accept 받다
again 다시	coupon 쿠폰
card 카드	credit card 신용카드

웨어ㄹ 이즈 더 캐셔
Where is the cashier?

두유 억셉 디스 카ㄹ즈
Do you accept this card?

캐쉬 오ㄹ 차ㄹ지
Cash or Charge?

인 캐쉬
In Cash.

다시 한 번 확인해 주세요.

교환과 환불

이거 반품하고 싶은데요.

환불해 주시겠어요?

다른 걸로 바꾸고 싶어요.

사이즈가 안 맞아요.

이거 고장났어요.

체킷 어게인, 플리즈
Check it again, please?

another 다른	return 반품	damaged 파손되다
work (기계) 작동되다	refund 환불	fix 고치다
size 사이즈	exchange 교환	wrong 잘못되다

아이들라익 투 리턴 디스
I'd like to return this.

캐나이 헤버 리펀드 온 디스
Can I have a refund on this?

아이들라익 투 익스체인지 디스 포ㄹ 어나더ㄹ 원
I'd like to exchange this for another one.

잇츠 더 뤄ㅇ 사이즈
It's the wrong size.

잇 더즌 워ㄹ크
It doesn't work.

말걸기

누군가 기다리고 계세요?

경치가 참 좋군요.

날씨가 참 좋군요.

어디서 오셨어요?

어쩐지 낯이 익어요.

이곳이 마음에 드세요?

친구가 되고 싶어요.

waiting 기다리다	friend 친구	familiar 친숙하다
beautiful 아름답다	boyfriend 남자친구	hobby 취미
great 대단하다	girlfriend 여자친구	travel 여행

아ㄹ 유 웨이팅 포ㄹ 썸원

Are you waiting for someone?

잇쳐 뷰리플 플레이스, 이즌팃

It's a beautiful place, isn't it?

와러 그레잇 데이

What a great day!

웨어ㄹ 아ㄹ 유 프롬

Where are you from?

유 룩 퍼밀리어ㄹ 투 미

You look familiar to me.

아ㄹ 유 인죠잉 유어ㄹ 스테이

Are you enjoying your stay?

아이들라익 투 비 유어ㄹ 프렌드

I'd like to be your friend.

말 걸기

친구만들기

그것 참 좋군요.

오늘 저녁에 시간 있어요?

어디서 만날까요?

뭘 좀 마실래요?

혼자인가요?

같이 식사라도 하러 가요.

여행을 좋아하세요?

다음 목적지는 어디예요?

같이 영화볼까요?

잇츠 쏘 베리 나이스
It's so very nice.

두 유 헵 타임 투나잇
Do you have time tonight?

웨어ㄹ 쉘 위 밋
Where shall we meet?

두 유 원 썸씽 투 드링크
Do you want something to drink?

아ㄹ 유 온 유어ㄹ 오운
Are you on your own?

아이 져스 원투 헵 밀 윗 유
I just want to have meal with you.

두 유 라익 트래블
Do you like travel?

웨어ㄹ 이즈 더 넥스 스탑
Where is the next stop?

쉘 위 고 투 더 무비스
Shall we go to the movies?

함께 춤추실래요?

참 친절하시네요.

눈이 참 예뻐요.

나이보다 어려보이네요.

사진보다 실물이 예뻐요.

그렇게 말씀해 주시니 고마워요.

뭐든지 잘하시네요.

패션감각이 있으시네요.

쉘 위 댄스
Shall we dance?

kind 친절하다	fun 즐겁다	age 나이
lovely 사랑스럽다	beautiful 아름답다	cute 귀엽다
happy 행복하다	pretty 예쁘다	fall in love 반하다

유아ㄹ 쏘 나이스
You're so nice!

유 헵 뷰리플 아이즈
You have beautiful eyes.

유 룩 영 포ㄹ 유어ㄹ 에이지
You look young for your age.

유아ㄹ 러블리어ㄹ 덴 유어ㄹ 픽쳐ㄹ
You're lovelier than your picture.

잇츠 베리 나이스 옵 유 투 쎄이 쏘
It's very nice of you to say so.

이즈 데어ㄹ 애니씽 유 캔 투
Is there anything you can't do?

유 헤번 아이 포ㄹ 패션
You have an eye for fashion.

건강해 보이시네요.

대단해요!

당신과 있으면 행복해요.

아기가 정말 귀엽네요!

메일주소 주고받기

메일주소를 가르쳐주시겠어요?

제 메일 주소는 ~예요.

좀 적어주시겠어요?

그럼요.

유 룩 핏
You look fit.

그뤠잇
Great!

유 메익 미 해피
You make me happy.

와러 큐트 베이비
What a cute baby!

write 쓰다	could 할수있다.
get 가르치다	e-mail address 메일주소
down 아래	

캐나이 겟츄어ㄹ 이메일 어드레스
Can I get your e-mail address?

마이 이메일 어드레스 이즈
My e-mail address is ~.

쿠쥬 롸이릿 다운
Could you write it down?

옵 코ㄹ스
Of course.

우리 계속 연락해요.

거절하기

고맙지만 사양하겠습니다.

글쎄요, 나중에요.

그럴 기분이 아니에요.

아무래도 안 되겠어요.

저 결혼했어요.

키핀 터치
Keep in touch.

thank you 고맙습니다	dislike 싫다	married 결혼하다
another 다른	refuse 거절하다	
feel 느끼다	decline 사양함	

노, 땡큐
No, thank you.

웰, 메이비 어나더ㄹ 타임
Well, maybe another time.

아이 돈 필 라이킷
I don't feel like it.

아이드 뢰더 낫
I'd rather not.

아임 메뤼드
I'm married.

사고·질병

제일 가까운 병원이 어디예요?

약국 어디예요?

응급상황이에요.

의사를 불러주세요.

병원에 데려가 주세요.

구급차를 불러주세요.

교통사고가 났어요.

ambulance 구급차	pharmacy 약국	call 부르다
hospital 병원	stomachache 복통	cough 기침
doctor 의사	fever 열	itchy 가려운

웨어ㄹ 이즈 더 니어리스트 하스피틀

Where is the nearest hospital?

웨어ㄹ 이즈 더 드럭 스토어ㄹ

Where is the drug store?

잇쳔 이머ㄹ젼시 케이스

It's an emergency case.

플리즈 콜 어 닥터ㄹ

Please call a doctor.

플리즈 테익 미 투 더 하스피틀

Please take me to the hospital.

콜 언 앰뷸런스, 플리즈

Call an ambulance, please.

아이 워지너 카ㄹ 액시던트

I was in a car accident.

사고 · 질병

위급상황

다친 사람이 있어요.

경찰을 불러주세요.

아이가 없어졌어요.

한국 대사관에 연락해 주세요.

약국

감기약 주세요.

다쳤어요.

처방전을 보여주시겠어요?

하루에 세 번 드세요.

위 헤번 인져ㄹ드 퍼ㄹ슨 아우티어ㄹ
We have an injured person out here.

콜 더 폴리스, 플리즈
Call the police, please.

마이 촤일디즈 미싱
My child is missing.

플리즈 콜 더 코뤼언 엠버시
Please call the Korean Embassy.

digestive 소화제	medicine for fever 해열제	
prescription 처방전	disinfectant 소독약	pain killer 진통제
laxative 변비약	ointment 연고	bandage 붕대

아이들라익 투 바이 썸 콜드 메디슨
I'd like to buy some cold medicine.

아임 허ㄹ트
I'm hurt.

쿠쥬 깁미 어 프리스크립션
Could you give me a prescription?

테이킷 쓰뤼 타임즈 어 데이
Take it three times a day.

약국
위급
상황

식후에 드세요.

경찰서 어디예요?

지갑을 소매치기 당했어요.

택시에 가방을 두고 내렸어요.

항공권을 잃어버렸어요.

여권을 잃어버렸어요.

분실물센터는 어디예요?

찾으면 알려주세요.

테이킷 에프터 이치 밀

Take it after each meal.

purse 지갑	lost 잃어버리다	taxi 택시
bag 가방	pickpocket 소매치기	find 찾다
police 경찰	thief 도둑	money 돈
gun 권총	airline ticket 항공권	passport 여권

웨어ㄹ 이즈 더 폴리스 스테이션

Where is the police station?

어 픽포켓 스톨 마이 월렛

A pickpocket stole my wallet.

아이 레프트 마이 백 이너 택시

I left my bag in a taxi.

아이브 로스트 마이 에어ㄹ라인 티켓

I've lost my airline ticket.

아이 헵 로스트 마이 패스포ㄹ트

I have lost my passport.

웨어ㄹ 이즈 더 로스탠롸운드

Where is the lost and found?

플리즈 렛 미 노우 이퓨 퐈인딧

Please let me know if you find it.

가방에 뭐가 들어 있었나요?

어디서 잃어버렸는지 모르겠어요.

카드사용을 정지시켜 주세요.

재발급 받을 수 있나요?

다급할 때

도와주세요!

조심해!

도둑이야!

잡아라!

왓 워즈 인 유어ㄹ 퍼ㄹ스
What was in your purse?

아이 돈 노우 웨어ㄹ 아이 레프팃
I don't know where I left it.

플리즈 캔슬 마이 카ㄹ드
Please cancel my card.

캐나이 헤브 뎀 뤼이슈드
Can I have them reissued?

Help 돕다	Watch 잡다
Catch 잡다	Fire 불이야

헬프
Help!

왓치 아웃
Watch out!

띠프
Thief!

캣치 힘
Catch him!

다급할 때

위급상황

불이야!

여기가 아파요.

두통이 있어요.

감기 걸렸어요.

열이 있어요.

이가 아파요.

콧물이 나요.

목이 아파요.

파이어

Fire!

아이 헤버 페인 히어ㄹ

I have a pain here.

아이 헤버 헤데익

I have a headache.

아이 헤버 코울드

I have a cold.

아이 헤버 퓌버

I have a fever.

아이 헤버 투쓰에익

I have a toothache.

아이 헤버 뤄니 노우즈

I have a runny nose.

아이 헤버 소어ㄹ 쓰롯

I have a sore throat.

증상 말하기

위급상황

기침이 멈추지 않아요.

어지러워요.

배가 아파요.

설사를 해요.

변비가 있어요.

메스꺼워요.

입맛이 없어요.

발목을 삐었어요.

다리가 부러졌어요.

아이 캔트 스탑 코우핑
I can't stop coughing.

아이 필 디지
I feel dizzy.

아이 헤버 스토메케익
I have a stomachache.

아이 헵 다이어뤼아
I have diarrhea.

아임 콘스티페이티드
I'm constipated.

아이 필 노셔스
I feel nauseous.

아이 헵 노 애퍼타잇
I have no appetite.

아이 스프뢰인드 마이 앵클
I sprained my ankle.

아이 브록 마이 렉
I broke my leg.

증상 말하기

위급상황

움직일 수가 없어요.

등이 아파요.

눈이 충혈됐어요.

알레르기가 있어요.

생리중이에요.

임신중이에요.

고혈압이에요.

저혈압이에요.

아이 캔트 무브

I can't move.

마이 백 허ㄹ츠

My back hurts.

마이 아이자ㄹ 이뤼테이티드

My eyes are irritated.

아이 헵 알러지스

I have allergies.

아임 멘스트뤠이팅

I'm menstruating.

아임 프뢰그넌트

I'm pregnant.

아이 헵 하이 블러드 프레셔ㄹ

I have high blood pressure.

아이 헵 로우 블러드 프레셔ㄹ

I have low blood pressure.

1. 써먹는 단어

숫자

0	zero 지로우		16	sixteen 씩스틴
1	one 원		17	seventeen 쎄븐틴
2	two 투		18	eighteen 에이틴
3	three 쓰뤼		19	nineteen 나인틴
4	four 포ㄹ		20	twenty 트웬티
5	five 퐈이브		30	thirty 써ㄹ리
6	six 씩스		40	fourty 포ㄹ리
7	seven 쎄븐		50	fifty 퓌프티
8	eight 에잇		60	sixty 씩스티
9	nine 나인		70	seventy 쎄븐티
10	ten 텐		80	eighty 에이티
11	eleven 일레븐		90	ninety 나인티
12	twelve 트웰브		100	hundred 헌드뤠드
13	thirteen 써ㄹ틴		200	two hundred 투 헌드뤠드
14	fourteen 포ㄹ틴		300	three hundred 쓰뤼 헌드뤠드
15	fifteen 퓌프틴			

400	**four hundred** 포르 헌드뢰드	2배	twice 트와이스
500	**five hundred** 파이브 헌드뢰드	3배	triple 트리플
600	**six hundred** 씩스 헌드뢰드	한 번	once 원스
700	**seven hundred** 쎄븐 헌드뢰드	두 번	twice 트와이스
800	**eight hundred** 에잇 헌드뢰드	세 번	**three times** 쓰리타임즈
900	**nine hundred** 나인 헌드뢰드	네 번	**four times** 포르타임즈
1,000	**thousand** 싸우전드	첫째	first 퍼르스트
10,000	**ten thousand** 텐 싸우전드	둘째	second 세컨드
100,000	**hundred thousand** 헌드뢰드 싸우전드	셋째	third 써르드
		넷째	fourth 포르쓰
1,000,000	**million** 밀리언	다섯째	fifth 퓌프쓰
1/2	**a half** 어 해프	여섯째	sixth 씩스쓰
1/3	**one third** 원 써드	일곱째	seventh 쎄븐쓰
		여덟째	eighth 에이쓰
1/4	**a quarter** 어 쿼러	아홉째	nineth 나인쓰
		열째	tenth 텐쓰
		얼마	**how much** 하우 머취

1월	January 재뉴어뤼		7월	July 쥴라이
2월	February 퓌브뤄리		8월	August 어거스트
3월	March 마ㄹ취		9월	September 셉템버ㄹ
4월	April 에이프륄		10월	October 악토버ㄹ
5월	May 메이		11월	November 노벰버ㄹ
6월	June 쥰		12월	December 디셈버ㄹ

요일

일요일	Sunday 썬데이
월요일	Monday 먼데이
화요일	Tuesday 튜즈데이
수요일	Wednesday 웬즈데이
목요일	Thursday 써ㄹ즈데이
금요일	Friday 프라이데이
토요일	Saturday 쎄러데이

시간

시간	hour 아우어ㄹ
분	minute 미닛
초	second 쎄컨드
1시간	one hour 원 아우어ㄹ
2시간	two hour 투 아우어ㄹ
5분	five minutes 파이브 미니츠
10분	ten minutes 텐 미니츠
20분	twenty minutes 트웬티 미니츠
30분	thirty minutes 써ㄹ리 미니츠
40분	fourty minutes 포ㄹ리 미니츠
10초	ten seconds 텐 쎄컨즈
오전 7시	seven a.m. 쎄븐 에이엠
오전 6시10분	six ten a.m. 씩스 텐 에이엠
오후 10시30분	ten thirty p.m. 텐 써ㄹ리 피엠
오후 7시	seven p.m. 세븐 피엠

때

아침	morning 모르닝
낮	afternoon 에프터ㄹ눈
저녁	evening 이브닝
밤	night 나잇
새벽	dawn 던
정오	noon 눈
오늘아침	this morning 디스 모르닝
오늘저녁	this evening 디스 이브닝
오늘밤	tonight 투나잇
그저께	the day before yesterday 더 데이 비포ㄹ 예스터데이
어제	yesterday 예스터데이
오늘	today 투데이
내일	tomorrow 투머로우
모레	the day after tomorrow 더 데이 에프터ㄹ 투머로우
지난주	last week 라스트 윅
이번주	this week 디스 윅
다음주	next week 넥스트 윅
주말	weekend 위켄드
지난달	last month 라스트 먼쓰

이번달	this month 디스 먼쓰
다음달	next month 넥스트 먼쓰
작년	last year 라스트 이어ㄹ
올해	this year 디스 이어ㄹ
내년	next year 넥스트 이어ㄹ
매일	every day 에브리 데이
매주	every week 에브리 윅
매달	every month 에브리 먼쓰
평일	weekday 윅데이
휴일	holiday 할러데이
기념일	anniversary 애니버ㄹ서리
생일	birthday 버ㄹ쓰데이
봄	spring 스프링
여름	summer 써머
가을	fall 폴
겨울	winter 윈터
여름방학	summer vacation 써머 베케이션
겨울방학	winter vacation 윈터 베케이션
출발일	departure day 디파ㄹ쳐 데이
도착일	arrival day 어라이벌 데이

방향

오른쪽	right 롸잇
왼쪽	left 레프트
가운데	middle 미들
앞	front 프런트
뒤	back 백
위	up 업
아래	down 다운
안	inside 인사이드
옆	side 사이드
건너편	opposite side 아퍼짓 사이드

가족

할아버지	grandfather 그랜드파더
할머니	grandmother 그랜드마더
아버지	father 파더
어머니	mother 마더
남편	husband 허즈번드
아내	wife 와이프
부모	parents 페어런츠
자녀	child 차일드
아들	son 썬
딸	daughter 도터르

먹을거리

술집	pub 펍
찻집	cafe 카페
양식	western food 웨스턴 푸드
중식	chinese food 챠이니즈 푸드

일식	japanese food 저패니즈 푸드
한식	korean food 코뤼언 푸드
후식	dessert 디저ㄹ트
밥	rice 롸이스
야채	vegetable 베지터블
빵	bread 브레드
케이크	cake 케익
과일	fruit 프루츠
쇠고기	beef 비프
돼지고기	pork 포ㄹ크
닭고기	chicken 치킨
양고기	mutton 머튼
오리고기	duck 덕
칠면조고기	turkey 터ㄹ키
베이컨	bacon 베이컨
갈비	rib steak 립 스테익
계란	egg 에그
해물	seafoods 씨푸즈
생선	oyster 오이스터
초밥	sushi 스시
스테이크	steak 스테익
스파게티	spaghetti 스파게리

피자	pizza 핏자
면	noodle 누들
소시지	sausage 쏘시지
감자튀김	fried potato 프라이드 포테이토
햄버거	hamburger 햄버ㄹ거ㄹ
치즈버거	cheese burger 치즈 버ㄹ거ㄹ
샌드위치	sandwich 샌드위치
샐러드	salad 쌜러드
아이스크림	ice cream 아이스크림
쿠키	cookie 쿠키
베이글	bagel 베이걸
소금	salt 쏠트
설탕	sugar 슈거ㄹ
겨자	mustard 머스타ㄹ드
식초	vinegar 비네거ㄹ
간장	soy sauce 쏘이 쏘스
후추	pepper 페퍼
올리브 오일	olive oil 올립 오일
참기름	sesame oil 쎄써미 오일
칠리소스	chilli sauce 칠리 쏘스
케첩	ketchup 케첩
마늘	garlic 가ㄹ릭

드레싱	dressing 드레싱
냅킨	napkin 냅킨
구운	roasted 로스티드
삶은	baked 베익트
찐	boiled 보일드
볶은	steamed 스팀드
절인	parch 파르취
튀긴	preserved 프리저르브드
끓인	fried 프라이드
날것	raw 로우
수제	handmade 핸드메이드
맵다	hot 핫
짜다	salty 쏠티
시다	sour 소어
싱겁다	flat 플랫
달콤하다	sweet 스윗
쓰다	bitter 비터
떫다	astringent 아스트린젠트
느끼하다	oily 오일리
고소하다	savory 세이버리
부드럽다	soft 소프트

과일

사과	apple 애플
딸기	strawberry 스트로베리
감	persimmon 퍼르시먼
복숭아	peach 피치
망고	mango 맹고우
파인애플	pineapple 파인애플
레몬	lemon 레몬
수박	watermelon 워터ㄹ멜론
바나나	banana 버내너
포도	grape 그뢰이프
코코넛	coconut 코코넛
멜론	melon 멜론
서양배	pear 피어ㄹ
무화과	fig 피그
석류	pomegranate 파머그뢰닛
오렌지	orange 오뤈지
살구	apricot 애이프러콧
호두	walnut 월넛
아몬드	almond 아먼드
땅콩	peanut 피넛

야채

토마토	tomato 토메이토
당근	carrot 캐럿
오이	cucumber 큐컴버ㄹ
가지	eggplant 에그플랜트
감자	potato 포테이토
고구마	sweet potato 스윗 포테이토
버섯	mushroom 머쉬룸
호박	pumpkin 펌킨
옥수수	corn 콘
양배추	cabbage 캐비지
양파	onion 어니언
브로콜리	broccoli 브라컬리
양상추	lettuce 렉츄스
피망	pimento 피멘토
시금치	spinach 스피니시
파슬리	parsley 파ㄹ슬리
아스파라거스	asparagus 애스패러거스
완두콩	peas 피스
무	radish 뢰디쉬
샐러리	celery 샐러뤼

해산물

새우	shrimp 쉬림프
바닷가재	lobster 랍스터ㄹ
게	crab 크랩
오징어	spuid 스퀴드
문어	octopus 옥토퍼스
날치	flying fish 플라잉 피쉬
꽁치	saury 쏘리
잉어	carp 카ㄹ프
송어	trout 트라우트
전갱이	saurel 쏘럴
참치	tuna 튜나
연어	salmon 샐먼
뱀장어	eel 일
농어	perch 펄취
복어	swellfish 스웰피쉬
넙치	flatfish 플랫피쉬
도미	bream 브림
조개	shellfish 쉘피쉬
굴	oyster 오이스터ㄹ
가리비	scallop 스칼럽

공원에서

문	gate 게이트
잔디	grass 그라스
동상	statue 스테이츄
오솔길	alleyway 앨리웨이
분수	fountain 파운틴
울타리	railing 레일링
간이매점	kiosk 키오스크
벤치	bench 벤치
휴지통	dust bin 더스트 빈
비둘기	pigeon 피전
연못	pond 판드
보트	boat 보우트
자전거	bicycle 바이씨클
다리	bridge 브릿지
풍선	balloon 벌룬
핫도그	hot dog 핫 독
그네	swing 스윙
시소	seesaw 씨소
미끄럼틀	chute 슈트
오리	duck 덕

동물원

기린	giraffe 지라프
캥거루	kangaroo 캥거루
코알라	koala 코알러
코끼리	elephant 엘리펀트
표범	leopard 레오파ㄹ드
침팬지	chimpanzee 침팬지
나무늘보	sloth 슬로쓰
비버	beaver 비버ㄹ
여우	fox 폭스
족제비	weasel 위즐
팬더	panda 팬더
살쾡이	wild cat 와일드 캣
사슴	deer 디어ㄹ
물소	buffalo 버팔로
곰	bear 베어ㄹ
하마	hippopotamus 힙포포타머스
펭귄	penguin 펭귄
아나콘다	anaconda 애너칸더
얼룩말	zebra 지브러
치타	cheetah 치터

쇼핑

점포정리 세일	winding-up sale 세일
바겐세일	bargain sale 바겐 세일
신용카드	credit card 크뢰딧 카르드
백화점	department store 디파르트먼트스토어르
면세점	duty-free shop 듀티프뤼 샵
기념품가게	souvenir shop 수버니어르 샵
시장	market 마르켓
슈퍼마켓	supermarket 수퍼르마르켓
서점	book store 북스토어르
전기제품	electric products 일렉트릭 프로덕츠
카메라	camera 캐머러
디카	digital camera 디지털 캐머러
컴퓨터	computer 컴퓨러르
노트북	notebook computer 놋북 컴퓨러르
만화	comic book 커믹 북
장난감	toy 토이
악세서리	accessory 액세서뤼
부채	fan 팬
우산	umbrella 엄브렐러
티슈	tissue 티슈

모자	hat 햇
손수건	handkerchief 행커치프
스카프	scarf 스카르프
장갑	gloves 글로브스
목도리	muffler 머플러
양말	socks 삭스
스타킹	stocking 스타킹
가방	bag 백
핸드백	handbag 핸백
숄더백	shoulderbag 숄더르백
넥타이	necktie 넥타이
벨트	belt 벨트
손목시계	watch 왓치
안경	glasses 글라시스
구두	shoes 슈즈
부츠	boots 부츠
하이힐	high heels 하이 힐즈
샌들	sandal 샌들
수영복	swimming suit 스위밍 숱
비키니	bikini 비키니
선글라스	sunglass 썬글라스
향수	perfume 퍼르퓸

운동화	sneakers 스니커ㄹ즈
등산화	mountain climbing boots 마운틴 클라이밍 부츠
의류	clothing 클로딩
블라우스	blouse 블라우스
치마	skirt 스커ㄹ트
스웨터	sweater 스웨러ㄹ
원피스	dress 드레스
속옷	underwear 언더ㄹ웨어ㄹ
셔츠	shirt 셔ㄹ트
양복	suit 수트
바지	pants 팬츠
옷감	cloth 클로스
면	cotton 코튼
순모	pure wool 퓨어ㄹ 울
마	linen 린넨
실크	silk 실크
벨벳	velvet 벨벳
가죽	leather 리더ㄹ
나일론	nylon 나일론
아크릴	acryl 아크륄
폴리에스테르	polyester 폴리에스테ㄹ
화장품	cosmetics 코스메틱스
매니큐어	manicure 매니큐어ㄹ

선크림	sunblock lotion 썬블록 로션
립스틱	lipstick 립스틱
기름종이	oil blotting paper 오일 블로팅 페이퍼
피부	skin 스킨
건성	dry skin 드라이 스킨
지성	oily skin 오일리 스킨
민감성	sensitive skin 센서티브 스킨
싼	cheap 칩
비싼	expensive 익스펜시브
짧은	short 쇼르트
긴	long 롱
화려한	splendid 스플렌디드
수수한	plain 플레인
진한	deep 딥
옅은	pale 페일
어두운	dark 다르크
밝은	bright 브라잇
무거운	heavy 헤비
가벼운	light 라잇
더 큰	bigger 비거르
더 작은	smaller 스몰러르
딱 맞는	just fit 져스 핏
헐렁한	loose 루즈

장신구

머리띠	hairband 헤어ㄹ밴드
리본	ribbon 리본
지갑	wallet 월렛
손거울	hand mirror 핸드 미러
목걸이	necklace 네클리스
귀걸이	earring 이어링
팔찌	bracelet 브뢰이스릿
발찌	anklet 앵클릿
반지	ring 링
브로치	brooch 브로오치
보석	jewel 쥬얼
숄	stole 스톨
머리핀	hairpin 헤어ㄹ핀
펜던트	pendant 펜던트
넥타이핀	tiepin 타이핀
열쇠고리	key holder 키 홀더ㄹ
빗	comb 콤
벨트 장식	buckle 버클
차양모자	sunshade 썬쉐이드
밀짚모자	straw hat 스트로 햇

날씨

일기예보	**weather forecast** 웨더 포ㄹ캐스트
구름 낀	**cloudy** 클라우디
눈 오는	**snowy** 스노우이
맑은	**sunny** 써니
바람 부는	**windy** 윈디
비오는	**rainy** 뢰이니
안개가 짙은	**foggy** 포기
폭풍의	**stormy** 스토ㄹ미
따뜻한	**warm** 웜
뜨거운	**hot** 핫
무더운	**sultry** 썰트리
몹시 추운	**freezing** 프리징
소나기	**shower** 샤워ㄹ
폭우	**heavy rain** 헤비 뢰인
우박	**hail** 헤일
해일	**tidal wave** 타이들 웨이브
태풍	**typhoon** 타이푼
번개	**lightning** 라잇닝
눈보라	**snowstorm** 스노우스톰
허리케인	**hurricane** 허러케인

편지	letter 레러
소포	parcel 파르슬
우표	stamp 스탬프
엽서	postcard 포스트카르드
봉투	envelop 인벨럽프
항공편	air mail 에어르메일
선박편	sea mail 씨메일
우편번호	zip code 집코드
등기우편	registered mail 레쥐스터르메일
기념우표	commemorative stamp 커메머레이티브 스탬프
보통우편	regular mail 레귤러르메일
우편요금	postage 포우스티지
반송우편요금	return postage 리턴포우스티지
무게	weight 웨이트
전보	telegram 텔리그램
우체통	mailbox 메일박스
깨지기 쉬운	fragile 프래절
수신인	addressee 애드레씨
발신인	sender 센더르

취미

음악감상	listening to music 리스닝 투 뮤직
영화감상	seeing a movie 씽어무비
공연관람	watching a play 워칭어플레이
독서	reading 리딩
그림그리기	drawing a picture 드뤄잉어픽쳐
등산	mountain climbing 마운팅클라이밍
산책	walking 워킹
운동	exercise 엑서ㄹ싸이즈
드라이브	driving 드라이빙
여행	traveling 트뤠벌링
낚시	fishing 피싱
작문	writing 롸이팅
춤	dancing 댄싱
피아노연주	playing the piano 플레잉 더 피애노
노래	singing 씽잉
요리	cooking 쿠킹
쇼핑	shopping 쇼핑
TV시청	watching TV 워칭티뷔
모형조립	fabricating model 패브리케이팅 마들
컴퓨터게임	computer games 컴퓨러 게임즈

스포츠

테니스	tennis 테니스
배드민턴	badminton 배드민튼
축구	soccer 싸커ㄹ
야구	baseball 베이스볼
미식축구	football 풋볼
수영	swimming 스위밍
스케이트	skating 스케이팅
스키	ski 스키
농구	basketball 배스킷볼
마라톤	marathon 매러던
권투	boxing 박싱
다이빙	diving 다이빙
배구	volleyball 발리볼
골프	golf 골프
볼링	bowling 뷜링
승마	horse riding 호르스라이딩
레슬링	wrestling 레스링
사격	shooting 슈팅
태권도	Taekwondo 타이콴도우
핸드볼	handball 핸볼

병원

구급차	ambulance 앰뷸런스
혈압	blood pressure 블럿 프레셔르
생리	menstruate 멘스트뢰잇
임신	pregnancy 프뢰그넌시
맥박	pulse 펄스
소변검사	urinalysis 유러낼러시스
지병	old complaint 올드 컴플레인트
화상	burn 번
타박상	bruise 브루즈
소화불량	indigestion 인디제스쳔
식중독	food poisoning 푸드 포이즈닝
진찰	medical examination 메디컬 이그제미네이션
입원	hospitalization 하스피털라이제이션
수술	surgery 서ㄹ져리
내과의사	physician 퓌지션
외과의사	surgeon 서ㄹ젼
치과의사	dentist 덴티스트
안과의사	optometrist 옵타머트뤼스트
산부인과의사	gynecologist 가이너칼러지스트
소아과의사	pediatrician 페디어트리션

약국

진통제	pain killer 페인 킬러
아스피린	aspirin 애스퍼린
소화제	digestive 다이제스티브
제산제	antacid 앤태시드
변비약	laxative 랙서티브
소독약	disinfectant 디스인펙턴트
해열제	medicine for fever 메디슨 포ㄹ 피버
안약	eyedrops 아이드롭스
감기약	cold drug 콜드 드럭
멀미약	medicine for carsickness 메디슨 포ㄹ 카ㄹ씩니스
일회용밴드	band-aid 밴드에이드
붕대	bandage 밴디쥐
가제	gauze 거즈
탈지면	sanitary cotton 새너테리 코튼
파스	poultice 폴티스
마스크	mask 매스크
연고	ointment 오인트먼트
수면제	sleeping pill 슬리핑 필
구급상자	first-aid kit 퍼ㄹ스트에이드 킷

몸

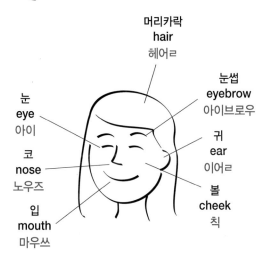

머리카락
hair
헤어르

눈썹
eyebrow
아이브로우

눈
eye
아이

귀
ear
이어르

코
nose
노우즈

볼
cheek
칙

입
mouth
마우쓰

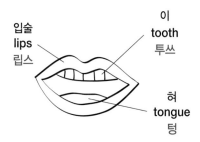

입술
lips
립스

이
tooth
투쓰

혀
tongue
텅

몸

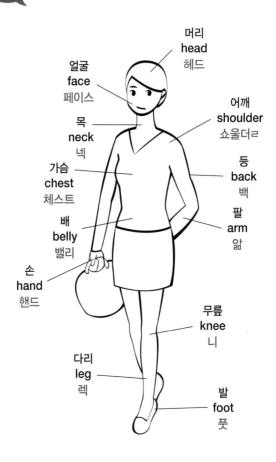

머리
head
헤드

얼굴
face
페이스

목
neck
넥

가슴
chest
체스트

배
belly
밸리

손
hand
핸드

어깨
shoulder
쇼울더

등
back
백

팔
arm
암

무릎
knee
니

다리
leg
렉

발
foot
풋

24시간 영업	24 Hours a Day, 7 Days a week
개찰구	gate
건너지 마시오	Don't Walk
경고	warning
경찰서	police station
고장	Out of Order
공사중	Under Construction
공중전화	Telephone Booth
균일가 1달러	All 1 Dollar
금연	No Smoking
금일개점	Opened Today
낙석주의	Falling Rocks
난방중	Space Heated
내부수리중	Closed for Alternations
냉방중	Space Cooled
동물에게 음식을 주지 마시오	Don't feed the animals
마음껏 드시고 10달러	All you can eat for 10 dollars
막다른 길	Dead End
만실	No Vacancy
만차	Full
매진	Sold Out

매표소	ticket office
머리조심	Watch Your Head
먹는 물	Drinking Water
멈춤	Stop
문을 닫으시오	Close the Door After You
미성년자 출입금지	No Minors
반품 사절	All Sales Final
발밑조심	Watch Your Step
분실물취급소	Lost and Found
불조심	Beware of Fire
비매품	Not For Sale
사용금지	Not in Use
사용기한 3일	Valid for three days
사용중	Occupied
산지직송	Fresh from the Farm
서행	Go Slow
셀프서비스	Serve Yourself
손대지 마시오	Hands Off
수리중	Under Repair
수하물취급소	Baggage Claim
연중무휴	Open Throughout the Year
영업중	In Operation

예약제	**By Appointment Only**
우체국	**Post office**
우회전금지	**No Right Turn**
월요일 휴관	**Closed on Mondays**
위험	**Danger**
유통기한 : 제조일로부터 1년 이내	**To be consumed within one year of packing.**
음식물반입금지	**No Food**
일방통행	**One Way**
임시휴업	**No Business Today**
입구	**Entrance**
입장무료	**Admission Free**
자동판매기	**vending machine**
자전거도로	**Bikeway**
잔디에 들어가지 마시오	**Keep Off the Grass**
일시적 사용금지	**Temporarily Out of Service**
접수	**reception**
정숙	**Quiet Please**
정차금지	**No Standing**
좌측통행	**Keep to the Left**
주의	**Caution**
주차금지	**No Parking**

진입/출입금지	Do Not Enter
청소중	Cleaning
촬영금지	No Photograghs
추월금지	No Passing
출구	Exit
출구전용	Exit Only
취급주의	Handle with care
통행금지	No Throughfare
파출소	Police box
폐문	Door closed
폐점	Closed
포장(식당에서)	Takeout
품절	Out of Stock
화장실	Restroom
환전소	Money exchange
회원제	Members Only
무단횡단금지	No Jaywalking
휴대폰사용금지	Do Not Use Mobile Telephones
휴업	Closed Today
휴지통	Put Trash Here
흡연구역	Smoking Area

여행 중국어

부탁할 때

~ 주세요.

请 ~ 一下。
qǐng   yíxià

칭 ~ 이샤

□ 써 주세요.
请写一下。
qǐng xiě yíxià
칭 시에 이샤

□ 읽어 주세요.
请读一下。
qǐng dú yíxià
칭 두 이샤

□ 열어 주세요.
请打开一下。
qǐng dǎkāi yíxià
칭 다카이 이샤

□ 닫아 주세요.
请关一下。
qǐng guān yíxià
칭 꽌 이샤

□ 도와 주세요.
请帮我一下。
qǐng bāng wǒ yíxià
칭 빵 워 이샤

□ 알려 주세요.
请告诉一下。
qǐng gàosu yíxià
칭 까오쑤 이샤

□ 내려 주세요.
请下车一下。
qǐng xiàchē yíxià
칭 샤쳐 이샤

바라는게 있을 때

~ 싶어요.

我要 ~。
wǒ yào

워 야오 ~

□ 가고 싶어요.

我要去。
wǒ yào qù

워 야오 취

□ 화장실에 가고 싶어요.

我要上厕所。
wǒ yào shàng cèsuǒ

워 야오 샹 처쑤오

□ 쉬고 싶어요.

我要休息。
wǒ yào xiūxi

워 야오 슈시

□ 사진 찍고 싶어요.

我要照相。
wǒ yào zhàoxiàng

워 야오 쟈오샹

□ 선물 사고 싶어요.

我要买东西。
wǒ yào mǎi dōngxi

워 야오 마이 똥시

□ ~ 보고 싶어요.

我要看 ~。
wǒ yào kàn

워 야오 칸 ~

□ 뭔가 마시고 싶어요.

我要喝点什么。
wǒ yào hē shénme

워 야오 허 디엔 션머

□ 호텔에 돌아가고 싶어요.

我要回饭店。
wǒ yào huí fàndiàn

워 야오 후이 판뎬

~ 돼요?

我可以 ~ 吗?
wǒ　kěyǐ　　　ma
워 커이 ~ 마

□ 담배 피워도 돼요?　　　我可以吸烟吗?
　　　　　　　　　　　　wǒ　kěyǐ　xīyān　ma
　　　　　　　　　　　　워 커이 시옌 마

□ 앉아도 돼요?　　　　　　我可以坐吗?
　　　　　　　　　　　　wǒ　kěyǐ　zuò　ma
　　　　　　　　　　　　워 커이 쭈오 마

□ 봐도 돼요?　　　　　　　我可以看一下吗?
　　　　　　　　　　　　wǒ　kěyǐ　kàn　yíxià　ma
　　　　　　　　　　　　워 커이 칸 이샤 마

□ 문 닫아도 돼요?　　　　　我可以关上窗户吗?
　　　　　　　　　　　　wǒ　kěyǐ　guānshangchuānghu　ma
　　　　　　　　　　　　워 커이 꽌샹 촹후 마

□ 창문 열어도 돼요?　　　　我可以打开窗户吗?
　　　　　　　　　　　　wǒ　kěyǐ　dǎkāi　chuānghu　ma
　　　　　　　　　　　　워 커이 다카이 촹후 마

□ 입어 봐도 돼요?　　　　　我可以试一下吗?
　　　　　　　　　　　　wǒ　kěyǐ　shì　yíxià　ma
　　　　　　　　　　　　워 커이 싀 이샤 마

□ 들어가도 돼요?　　　　　我可以进吗?
　　　　　　　　　　　　wǒ　kěyǐ　jìn　ma
　　　　　　　　　　　　워 커이 찐 마

~ 어디예요?

~ 在哪儿?
zài nǎr

~ 짜이 날

□ 화장실 어디예요?

厕所在哪儿?
cèsuǒ zài nǎr

처쑤오 짜이 날

□ 엘리베이터 어디예요?

电梯在哪儿?
diàntī zài nǎr

띠엔티 짜이 날

□ 비상구 어디예요?

太平门在哪儿?
tàipíngmén zài nǎr

타이핑먼 짜이 날

□ 출구 어디예요?

出口在哪儿?
chūkǒu zài nǎr

츄코우 짜이 날

□ 택시 타는 곳 어디예요?

出租车站在哪儿?
chūzūchē zhàn zài nǎr

츄주처 짠 짜이 날

□ 안내데스크 어디예요?

服务台在哪儿?
fúwùtái zài nǎr

푸우타이 짜이 날

□ 공중전화 어디예요?

共用电话在哪儿?
gòngyòng diànhuà zài nǎr

꽁용 띠엔화 짜이 날

□ 역 어디예요?

车站在哪儿?
chēzhàn zài nǎr

처짠 짜이 날

□ 편의점 어디예요?

便利店在哪儿?
biànlìdiàn zài nǎr

삐엔리뎬 짜이 날

거기까지 어떻게 가요?

到那边, 怎么走?
dào nàbiān   zěnme zǒu

따오 나비엔 전머 조우

~로 가요.

~ 去。
qù

~ 취

□ 전철로 가요.　坐地铁去。
zuò　dìtiě　qù

쭈오 띠티에 취

□ 택시로 가요.　坐出租车去。
zuò　chūzūchē　qù

쭈오 츄주처 취

□ 버스로 가요.　坐公共汽车去。
zuò　gōnggòngqìchē　qù

쭈오 꽁꽁치처 취

□ 배로 가요.　坐船去。
zuò chuán qù

쭈오 촨 취

□ 걸어서 가요.　走着去。
zǒu zhe qù

조우 져 취

길을 잃었을 때
써먹자!

길을 잃었어요.

我迷路了。
wǒ mí lù le

워 미 루 러

택시는 어디서 타요?

在哪儿坐打的?
zài nǎr zuò dǎdí

짜이 날 쭈오 다띠

※ 지도를 가리키며

여기가 어디예요?

这个地方在哪儿?
zhège dìfang zài nǎr

쩌거 디팡 짜이 날

여기에 가고 싶은데요.

我要去这个地方。
wǒ yào qù zhège dìfang

워 야오 취 쩌거 디팡

~ 가고 싶은데요.

我想要去 ~ 。
wǒ xiǎng yào qù

워 샹 야오 취 ~

□ 시내로 가고 싶은데요.

我想要去**城里**。
wǒ xiǎng yào qù chénglǐ

워 샹 야오 취 청리

□ 천안문으로 가고 싶은데요.

我想要去**天安门**。
wǒ xiǎng yào qù tiān'ānmén

워 샹 야오 취 톈안먼

□ 북경호텔로 가고 싶은데요.

我想要去**北京宾馆**。
wǒ xiǎng yào qù běijīng bīnguǎn

워 샹 야오 취 북경호텔

□ 공항으로 가고 싶은데요.

我想要去**机场**。
wǒ xiǎng yào qù jīchǎng

워 샹 야오 취 지창

~ 가 주세요.

请去 ~ 。
qǐng qù
칭 취 ~

- 시내로 가 주세요.　　　　**请去城里。**
　　　　　　　　　　　　qǐng qù chénglǐ
　　　　　　　　　　　　칭 취 **쳥리**

- 천안문으로 가 주세요.　　**请去天安门。**
　　　　　　　　　　　　qǐng qù tiānānmén
　　　　　　　　　　　　칭 취 **톈안먼**

- 북경호텔로 가 주세요.　　**请去北京宾馆。**
　　　　　　　　　　　　qǐng qù běijīng bīnguǎn
　　　　　　　　　　　　칭 취 **북경호텔**

- 공항으로 가 주세요.　　　**请去机场。**
　　　　　　　　　　　　qǐng qù jīchǎng
　　　　　　　　　　　　칭 취 **지창**

~ 있어요?

有 ~ 吗?
yǒu   ma

요우 ~ 마

□ 관광지도 있어요? | 有**导游图**吗?
yǒu dǎoyóutú ma
요우 다오요우투 마

□ 손수건 있어요? | 有**手巾**吗?
yǒu shǒujīn ma
요우 쇼우찐 마

□ 볼펜 있어요? | 有**圆珠笔**吗?
yǒu yuánzhūbǐ ma
요우 웬쭈비 마

□ 티슈 있어요? | 有**面纸**吗?
yǒu miànzhǐ ma
요우 미엔쯔 마

□ 우산 있어요? | 有**雨伞**吗?
yǒu yǔsǎn ma
요우 위싼 마

□ 생수 있어요? | 有**矿泉水**吗?
yǒu kuàngquánshuǐ ma
요우 쾅췐슈이 마

□ 그림엽서 있어요? | 有**画片**吗?
yǒu huàpiàn ma
요우 화피엔 마

□ 칫솔 있어요? | 有**牙刷**吗?
yǒu yáshuā ma
요우 야슈아 마

□ 모자 있어요? | 有**帽子**吗?
yǒu màozi ma
요우 마오즈 마

쇼핑할 때
써먹자!

찾으시는 게 있으세요?

您需要什么?

nín xūyào shénme

닌 쉬야오 션머

얼마예요?

多少钱?

duōshao qián

뚜오샤오 치엔

이건 뭐예요?

这是什么?

zhèshì shénme

쩌싀 션머?

값을 써주세요.

请写在这儿价格。

qǐng xiě zài zhèr jiàgé

칭 시에 짜이 쩔 찌아거

그냥 구경 좀 하려고요.

只是看看。

zhǐshì kànkan

즈싀 칸칸

인사하기

안녕하세요?

안녕하세요? (여러 명에게)

안녕하세요? (아침)

안녕하세요? (낮)

안녕하세요? (저녁)

잘 지내요? / 잘 지내요.

건강하세요?

早上 쟈오상 아침	上午 상우 오전	凌晨 링천 새벽
zǎoshang	shàngwǔ	língchén
晚上 완상 저녁	下午 샤우 오후	
wǎnshàng	xiàwǔ	

니 하오 / 닌 하오

你好！ / 您好！

nǐ hǎo　　nín hǎo

니먼 하오

你们好！

nǐmen hǎo

쟈오샹 하오

早上好！

zǎoshang hǎo

샤우 하오

下午好！

xiàwǔ hǎo

완샹 하오

晚上好！

wǎnshàng hǎo

니 꾸어 더 하오 마 / 워 헌 하오

你过得好吗？ / 我很好。

nǐ guòde hǎo ma　　wǒ hěn hǎo

니 션티 하오 마

你身体好吗？

nǐ shēntǐ hǎo ma

식사하셨어요?

일은 바쁘세요?

오늘 날씨 어때요?

너무 좋아요.

오랜만이에요.

실례합니다.

안녕히 가세요(계세요).

안녕히 주무세요.

살펴가세요.

니 츠 판 러 마
你吃饭了吗?
nǐ chī fàn le ma

니 꽁쭈어 망 마
你工作忙吗?
nǐ gōngzuò máng ma

찐톈 톈치 전머양
今天天气怎么样?
jīntiān tiānqi zěnmeyàng

페이창 하오
非常好。
fēicháng hǎo

하오지여우부찌엔러
好久不见了。
hǎo jiǔ bú jiàn le

라오 찌아
劳驾!
láojià

짜이찌엔
再见!
zàijiàn

완 안
晚安!
wǎn ān

만 조우
慢走。
màn zǒu

저는 ○○○라고 합니다.

몇 살이에요?

올해 25살입니다.

한국에서 왔어요.

중국은 처음이에요.

무슨 일 하세요?

대학생이에요.

취미는 뭐예요?

韩国 한구어 한국	名字 밍쯔 이름
Hánguó	míngzi
中国 쭝구어 중국	学生 쉬에셩 학생
Zhōngguó	xuésheng

워 찌아오 ○○○

我叫○○○。
wǒ jiào

니 지 쑤이 러

你几岁了?
nǐ jǐ suì le

워 찐니엔 얼싀우 쑤이

我今年二十五岁。
wǒ jīnnián èrshíwǔ suì

워 총 한구어 라이

我从韩国来。
wǒ cóng Hánguó lái

워 디 이츠 라이따오 쭝구어

我第一次来到中国。
wǒ dì yícì láidào Zhōngguó

니 쭈오 션머 꽁쭈어

你做什么工作?
nǐ zuò shénme gōngzuò

워 싀 따쉬에셩

我是大学生。
wǒ shì dàxuésheng

니 더 아이하오 싀 션머

你的爱好是什么?
nǐde àihào shì shénme

취미는 여행이에요.

중국어를 공부하고 있어요.

한국에 가보셨어요?

감사와 사과

감사합니다.

미안해요.

괜찮아요.

신세 많이 졌습니다.

수고하셨습니다.

워 더 아이하오 싀 뤼싱
我的爱好是旅行。
wǒde   àihào   shi lǚxíng

워 쉬에시 한위
我学习汉语。
wǒ   xuéxí   hànyǔ

니 취구어 한구어 마
你去过韩国吗?
nǐ   qùguo   Hánguó ma

감사와 사과

道歉 따오치앤 사과하다
dàoqiàn

씨에씨에
谢谢。
xièxie

뚜이부치 / 부하오이쓰
对不起。/ 不好意思。
duìbuqǐ   bùhǎoyìsi

메이꽌시 / 메이셜
没关系。/ 没事儿。
méiguānxi   méishìr

워 짠꽝 러 뿌샤오
我沾光了不少。
wǒ zhānguāng le   bùshǎo

씬쿠 닌 러
辛苦您了。
xīnkǔ   nín le

예.

아니오.

맞아!

아니야!

알았어요.

모르겠어요.

잊어버렸어요.

괜찮아요?

对 뚜이 맞다	好 하오 좋다
不对 부뚜이 틀리다	不好 뿌하오 싫다

쉬
是。
shì

부쉬
不是。
búshì

뚜이
对!
duì

부뚜이
不对!
búduì

워 쯔따오
我知道。
wǒ zhīdào

워 뿌 쯔따오
我不知道。
wǒ bú zhīdào

왕 러
忘了。
wàng le

하오 마 / 씽 마
好吗? / 行吗?
hǎo ma / xíng ma

좋네요.

싫어요.

정말이에요?

굉장해요!

재미있어요.

그래요?

그래요.

됐어요.

당연하죠.

하오 / 씽
好! / 行!
hǎo xíng

뿌 하오 / 뿌 씽
不好! / 不行!
bù hǎo bù xíng

쩐 더 마
真的吗?
zhēn de ma

랴오부치
了不起!
liǎobuqǐ

헌 요우 이쓰
很有意思。
hěn yǒu yìsi

싀 마
是吗?
shì ma

싀 더
是的。
shì de

쑤안 러
算了。
suàn le

땅란 러
当然了。
dāngrán le

귀찮아요.

너무 안타까워요.

배고파 죽겠어요.

더워 죽겠어요.

피곤해 죽겠어요.

재수 없어!

신경 안 써요.

서두르지 마세요.

| 饿 으어 배고프다 | 热 르어 덥다 |
| 累 레이 피곤하다 | 冷 렁 춥다 |

헌 마판
很麻烦!
hěn máfan

타이 커시 러
太可惜了。
tài kěxī le

으어 쓸 러
饿死了。
è sǐ le

르어 쓸 러
热死了。
rè sǐ le

레이 쓸 러
累死了。
lèi sǐ le

쩐 따오메이
真倒霉!
zhēn dǎoméi

부짜이후
不在乎。
búzàihu

비에 쟈오지
别着急。
bié zháojí

화내지 마세요.

이상해요!

파이팅!

부탁하기

잘 부탁합니다.

좀 도와주시겠어요?

죄송해요. 못 들었어요.

좀 천천히 말해 주세요.

한 번 더 말해 주세요.

비에 성치
别生气。
bié shēngqì

쩐 치꽈이
真奇怪!
zhēn qíguài

찌아요우
加油!
jiāyóu

等 덩 기다리다	**写** 시에 쓰다	**教** 쟈오 가르치다
děng	xiě	jiào
说 슈오 말하다	**告诉** 까오쑤 알리다	
shuō	gàosù	

칭 뚜오뚜오 꽌쟈오
请多多关照。
qǐng duōduō guānzhào

칭 니 빵 워, 커이 마
请你帮我, 可以吗?
qǐng nǐ bāng wǒ kěyǐ ma

뚜이부치, 워 팅부칭추
对不起, 我听不清楚。
duìbuqǐ wǒ tīng bú qīngchu

칭 만만더 슈오
请慢慢地说。
qǐng mànmànde shuō

칭 짜이 슈오 이비엔
请再说一遍。
qǐng zài shuō yíbiàn

여기에 써주세요.

잠깐 기다려 주세요.

이것 좀 가르쳐 주세요.

이건 무슨 뜻이에요?

조용히 해 주세요.

뭐 좀 물어봐도 될까요?

질문하기

지금 몇 시예요?

뭐예요?

칭 시에 짜이 쩔
请写在这儿。
qǐng xiě zài zhèr

칭 샤오 덩 / 칭 덩 이샤
请稍等。/ 请等一下。
qǐng shāoděng qǐngděng yíxia

칭 까오쑤 워 쩌거
请告诉我这个。
qǐng gàosu wǒ zhège

쩌 싀 션머 이쓰
这是什么意思?
zhèshì shénme yìsi

칭 안찡 이샤
请安静一下。
qǐng ānjìng yíxià

칭원
请问。
qǐngwèn

月 위애 월	点 디엔 시	这里 쩌리 여기
	diǎn	zhèlǐ
号 하오 일	分 펀 분	那里 나리 저기 / 거기
hào	fēn	nàlǐ

시엔짜이 지 디엔
现在几点?
xiànzài jǐdiǎn

싀 션머
是什么?
shì shénme

왜요?

어디예요?

어느 쪽이에요?

방향	方向 팡샹 fāngxiàng		오른쪽	右边 요우비엔 yòubian
위치	位置 웨이쯔 wèizhi		왼쪽	左边 주오비엔 zuǒbian
동쪽	东边 똥비엔 dōngbian		앞쪽	前边 치엔비엔 qiánbian
서쪽	西边 시비엔 xībian		뒤쪽	后边 호우비엔 hòubian
남쪽	南边 난비엔 nánbian		위쪽	上面 샹미엔 shàngmiàn
북쪽	北边 베이비엔 běibian		아래쪽	下面 샤미엔 xiàmián
가운데	中间 쭝찌엔 zhōngjiān		옆쪽	旁边 팡비엔 pángbian

웨이 션머
为什么?
wèi shénme

짜이 날
在哪儿?
zài nǎr

짜이 나비엔
在哪边?
zài nǎbiān

안쪽	里面 리미엔 lǐmiàn		5층	五层 우청 wǔcéng	
바깥쪽	外面 와이미엔 wàimiàn		6층	六层 리우청 liùcéng	
건너편	对面 뚜이미엔 duìmiàn		7층	七层 치청 qīcéng	
1층	一层 이청 yìcéng		8층	八层 빠청 bācéng	
2층	二层 얼청 èrcéng		9층	九层 지우청 jiǔcéng	
3층	三层 싼청 sāncéng		10층	十层 싀청 shícéng	
4층	四层 쓰청 sìcéng				

출발

탑승권을 보여주시겠어요?

내 자리 어디예요?

지나가도 될까요?

여기 짐을 놓아도 될까요?

좌석벨트를 매세요.

기내서비스

담요 좀 주세요.

行李 씽리 짐	**座位** 쭈오웨이 자리
登机牌 떵찌파이 탑승권	**靠窗** 카오촹 창가

야오 칸 떵찌파이 마
要看登机牌吗?
yào kàn dēngjīpái ma

워 더 쭈오웨이 짜이 날
我的座位在哪儿?
wǒde zuòwèi zài nǎr

커이 꾸오취 마
可以过去吗?
kěyǐ guòqù ma

씽리 팡 짜이 쩔, 하오 마
行李放在这儿好吗?
xínglǐ fàng zài zhèr hǎo ma

안췐따이 찌 하오 바
安全带系好吧!
ānquándài jì hǎo ba

饮料 인랴오 음료	**报纸** 빠오즈 신문		
咖啡 카페이 커피	**毛毯** 마오탄 담요	**机餐** 지찬 기내식

워 야오 마오탄
我要毛毯。
wǒ yào máotǎn

베개 좀 주세요.

어떤 음료가 있나요?

커피 좀 더 주시겠어요?

물 주세요.

식사는 언제 나와요?

닭고기와 생선 중에 뭘 드시겠어요?

생선으로 주세요.

식사는 필요없어요.

식사 끝나셨어요?

워 야오 전토우

我要枕头。

wǒ yào zhěntou

요우 선머 인랴오

有什么饮料？

yǒu shénme yǐnliào

짜이 라이 이뻬이 카페이 마

再来一杯咖啡吗？

zài lái yìbēi kāfēi ma

칭 게이 워 이뻬이 슈이

请给我一杯水。

qǐng gěi wǒ yìbēi shuǐ

선머 식호우 츠판

什么时候吃饭？

shénme shíhou chīfàn

찌로우 허 위 야오 츠 나거

鸡肉和鱼要吃哪个？

jīròu hé yú yào chī nǎge

칭 용 위

请用鱼。

qǐngyòng yú

워 부야오 츠

我不要吃。

wǒ búyào chī

츠 완 러 마

吃完了吗？

chī wán le ma

이것 좀 치워주시겠어요?

입국신고서

입국신고서를 작성하세요.

작성하는 것 좀 도와주실래요?

펜 좀 빌릴 수 있을까요?

여기는 뭘 써야 하나요?

한 장 더 주세요.

입국심사

여권을 보여주시겠어요?

칭 쇼우싀 이샤 마
请收拾一下吗
qǐng shōushi yíxià ma

笔 삐 펜
bǐ
入境卡 루찡카 입국신고서　　　填写 톈시에 작성하다
rùjìngkǎ　　　　　　　　　　　tiánxiě

칭 시에 루찡카
请写入境卡。
qǐng xiě rùjìngkǎ

넝 빵 워 쭈오 이샤 마
能帮我做一下吗？
néngbāng wǒ zuò yíxià ma

넝 찌에 워 이샤 삐 마
能借我一下笔吗？
néng jiè wǒ yíxià bǐ ma

짜이 쩌 리 시에 션머
在这里写什么？
zài zhèlǐ xiě shénme

칭 게이 워 짜이 이짱
请给我再一张。
qǐng gěi wǒ zài yìzhāng

旅行 뤼싱 여행　　　　　　事务 싀우 비즈니스
lǚxíng　　　　　　　　　　　shìwù
留学 류쉬에 유학　　　　　观光 꽌꽝 관광
liúxué　　　　　　　　　　　guānguāng

칭 게이 워 칸 이샤 후짜오
请给我看一下护照？
qǐng gěi wǒ kàn yíxià hùzhào

입국목적이 무엇입니까?

관광이요.

얼마나 머무를 예정이세요?

일주일이요.

짐 찾기

짐을 어디에서 찾나요?

내 짐이 없어졌어요.

어느 비행기로 오셨어요?

수하물 표는 가지고 있나요?

루찡더 무띠 싀 션머
人境的目的是什么？
rùjingde   mùdì   shì shénme

찌우싀 꽌꽝
就是观光。
jiùshì guānguāng

니 다쑤안 팅리우 뚜오창 싀찌엔
你打算停留多长时间?
nǐ dǎsuàn tíngliú duōcháng shíjiàn

이 쪼우
一周。
yìzhōu

출입국

짐 찾기

飞机 페이지 비행기	找 쟈오 찾다
fēijī	zhǎo
行李票 씽리퍄오 수하물표	
xínglǐpiào	

씽리 쟈오 나리
行李找哪里?
xínglǐ zhǎo nǎli

워더 씽리 쟈오부따오
我的行李找不到。
wǒde   xínglǐ   zhǎobúdào

쭈오 션머 페이지 라이더
坐什么飞机来的?
zuò shénme fēijī   láide

씽리퍄오 따이 라이 러 마
行李票带来了吗?
xínglǐpiào dài lái le ma

제가 묵고 있는 호텔로 보내주세요.

신고할 물건이 있나요?

없어요.

가방을 열어주세요.

이것은 세금을 내야 합니다.

얼마나 물어야 하나요?

칭 니 빵 워 쏭따오 워 쭈더 판디엔
请您帮我送到我住的饭店。
qǐng nín bāng wǒ sòngdào wǒ zhùde fàndiàn

申报 션빠오 신고		免税物品 몐슈에이우핀 면세품	
shēnbào		miǎnshuìwùpǐn	
包 빠오 가방		税金 슈이찐 세금	
bāo		shuìjīn	

요우 션빠오더 똥시 마
有申报的东西吗？
yǒu shēnbàode dōngxi ma

메이요우
没有。
méi yǒu

칭 다카이 빠오
请打开包。
qǐng dǎkāi bāo

쩌거 잉까이 푸 슈이찐
这个应该付税金。
zhège yīnggāi fù shuìjīn

야오 뚜오샤오 치엔
要多少钱？
yào duōshao qián

체크인

예약을 해두었는데요.

빈 방 있어요?

전망 좋은 방으로 부탁해요.

하룻밤에 얼마예요?

아침 식사 포함이에요?

여권을 보여주세요.

여기에 써 주세요.

房间 팡찌엔 방 fángjiān	**前景** 치엔찡 전망 qiánjǐng	**押金** 야진 보증금 yājīn
预定 위띵 예약 yùdìng	**早饭** 쟈오판 아침식사 zǎofàn	

워 이징 위띵 러 팡찌엔

我已经预定了房间。
wǒ yǐjīng yùdìng le fángjiān

요우 콩 팡찌엔 마

有空房间吗?
yǒu kōng fángjiān ma

칭 게이 워 치엔찡 메이하오더 팡찌엔

请给我前景美好的房间。
qǐng gěi wǒ qiánjǐng měihǎode fángjiān

이텐 뚜오샤오 치엔

一天多少钱?
yìtiān duōshao qián

빠오쿠오 쟈오판 마

包括早饭吗?
bāokuò zǎofàn ma

칭 게이 워 칸 이샤 니더 후짜오

请给我看一下你的护照。
qǐng gěi wǒ kàn yíxià nǐde hùzhào

칭 시에 짜이 쩔

请写在这儿。
qǐng xiě zài zhèr

감사합니다. 704호실입니다.

체크아웃은 몇 시예요?

키는 여기 있습니다.

짐을 들어 주시겠어요?

프런트에서

영어 하세요?

조금요.

못해요.

귀중품을 맡기고 싶은데요.

씨에씨에 닌, 식 치링쓰 하오

谢谢您, 是704号。
xièxie nín shì qīlíngsì hào

투이팡 쇼우쉬 따오 지뎬 웨이쯔

退房手续到几点为止?
tuìfáng shǒuxù dào jǐdiǎn wéizhǐ

쩌식 팡찌엔 야오식

这是房间钥匙。
zhèshì fángjiān yàoshi

빵 워 바 씽리 빤 꾸어라이 하오 마

帮我把行李搬过来好吗?
bāng wǒ bǎ xínglǐ bān guòlái hǎo ma

| **韩语** 한위 한국어 | **英语** 잉위 영어 |
| **汉语** 한위 중국어 | |

니 후이 슈오 잉위 마

你会说英语吗?
nǐ huì shuō yīngyǔ ma

이디엔디엔

一点点。
yìdiǎndiǎn

워 부 후이 슈오 잉위

我不会说英语。
wǒ bú huì shuō yīngyǔ

워 야오 빠오춘 워더 꾸이쫑우핀

我要保存我的贵重物品。
wǒ yào bǎocún wǒde guìzhòngwùpǐn

옷을 찾고 싶은데요.

레스토랑은 몇 층이에요?

인터넷을 이용할 수 있어요?

한국에 전화하고 싶은데요.

이걸 항공우편으로 보내고 싶어요.

환전 가능해요?

근처에 한국음식점이 있나요?

객실에서

여보세요, 305호실입니다.

워 샹 야오 취 워더 이푸

我想要取我的衣服。

wǒ xiǎng yào qǔ wǒde yīfu

찬팅 짜이 지 로우

餐厅在几楼?

cāntīng zài jǐ lóu

커이 용 샹왕 마

可以用上网吗?

kěyǐ yòngshàngwǎng ma

워 샹 게이 한구어 다 띠엔화

我想给韩国打电话。

wǒ xiǎng gěi Hánguó dǎ diànhuà

워 샹 찌 항콩씬

我想寄航空信。

wǒ xiǎng jì hángkōngxìn

넝뿌넝 환 치엔

能不能换钱?

néngbùnéng huànqián

쩌 푸진 요우메이요우 한구어 식탕

这附近有没有韩国食堂?

zhè fùjìn yǒuméiyǒu Hánguó shítáng

숙
박

객
실
에
서

床单 촹딴 시트 chuángdān		**空调** 콩티아오 에어컨 kōngtiáo	
毛巾 마오찐 수건 máojīn		**洗衣** 시이 세탁 xǐyī	

웨이, 워 식 싼링우 하오

喂,我是305号的。

wéi wǒ shì sānlíngwǔ hào de

룸서비스 부탁해요.

구두를 닦고 싶어요.

세탁 좀 부탁해요. 누구세요?

룸서비스가 아직 안 왔어요.

샌드위치와 커피 부탁해요.

테이블 위에 놓아주세요.

얼음 좀 주세요.

모닝콜 해주세요.

아침 8시에 식사를 부탁해요.

워 야오 쏭찬 푸우
我要送餐服务。
wǒ yào sòngcān fúwù

워 샹 야오 차 피시에
我想要擦皮鞋。
wǒ xiǎng yào cā píxié

워 야오 시 이 푸우　쉐이 야
我要洗衣服务。谁呀?
wǒ yào xǐ yī fúwù　shéi ya

워 야오 더 쏭찬 푸우 하이메이 쏭 라이
我要的送餐服务还没送来。
wǒ yàode sòngcān fúwù háiméi sòng lái

워 야오 싼밍쯔 허 카페이
我要三明治和咖啡。
wǒ yào sānmíngzhì hé kāfēi

칭 팡짜이 쭈오즈 샹
请放在桌子上。
qǐng fàngzài zhuōzi shàng

칭 쏭 이뎬 삥콰이 라이
请送一点冰块来。
qǐngsòng yìdiǎn bīngkuài lái

워 야오 찌아오싱 푸우
我要叫醒服务。
wǒ yào jiàoxǐng fúwù

야오샹 빠뎬 칭 바 쟈오판 쏭따오 워더 팡지엔
早上8点请把早饭送到我的房间。
zǎoshang bādiǎn qǐng bǎ zǎofàn sòngdào wǒde fángjiān

문제가 생겼을 때

저기요. 죄송한데요.

무슨 일이시죠?

방에 키를 두고 나왔어요.

전기가 안 들어와요.

화장실이 고장났어요.

뜨거운 물이 안 나와요.

에어컨이 안 들어와요.

냉장고가 고장났어요.

便器 삐엔치 변기		吹风机 추이펑찌 드라이기	
biànqì		chuīfēngjī	
剃须刀 티쉬따오 면도기		电视机 띠엔싀찌 텔레비전	
tìxūdāo		diànshìjī	

웨이, 라오찌아
喂, 劳驾。
wèi　láojià

닌 요우 션머 싀
您有什么事?
nín yǒu shénme shì

워 바 야오싀 왕 짜이 팡찌엔 리 러
我把钥匙忘在房间里了。
wǒ bǎ yàoshi wàng zài fángjiān lǐ le

메이 뗸
没电。
méi diàn

처쑤오 화이 러
厕所坏了。
cèsuǒ huài le

뿌추 르어슈이
不出热水。
bùchū rèshuǐ

콩탸오 요우 마오삥
空调有毛病。
kōngtiáo yǒu máobìng

삥샹 화이 러
冰箱坏了。
bīngxiāng huài le

빨리 해주세요.

방을 바꿔주세요.

의사를 불러주세요.

체크아웃

체크아웃 부탁해요.

짐을 내려다 주세요.

카드로 계산할게요.

이 카드 사용 가능해요?

이건 무슨 요금이에요?

칭 콰이 이디알 바
请快一点儿吧。
qǐng kuài yìdiǎnr ba

칭 게이 워 환 거 팡찌엔
请给我换个房间。
qǐng gěi wǒ huàn ge fángjiān

칭 찌아오 이셩 라이
请叫医生来。
qǐng jiào yìshēng lái

一夜 이예 1박	**签名** 치앤밍 서명하다
两夜 량예 2박	
yíyè	qiānmíng
liǎngyè	

워 야오 투이팡
我要退房。
wǒ yào tuìfáng

칭 바 싱리 빤 시아 취
请把行李搬下去。
qǐng bǎ xínglǐ bān xià qù

용 신용카 푸
用信用卡付。
yòng xìnyòngkǎ fù

쩌거 카 커이 용 마
这个卡可以用吗?
zhège kǎ kěyǐ yòng ma

쩌 싀 션머 페이
这是什么费?
zhè shì shénme fèi

계산이 잘못된 것 같은데요.

영수증 주세요.

택시 좀 불러주세요.

방에 두고 온 물건이 있는데요.

하루 더 연장하고 싶어요.

5시까지 짐을 좀 맡아주세요.

워 쥐에더 쩌거 지쑤안 추오 러

我觉得这个计算错了。

wǒ juéde zhège jìsuàn cuò le

칭 게이 워 파 퍄오

请给我发票。

qǐng gěi wǒ fā piào

칭 빵 워 찌아오 츄주처

请帮我叫出租车。

qǐngbāng wǒ jiào chūzūchē

워 바 똥시 왕 짜이 팡찌엔 리 러

我把东西忘在房间里了。

wǒ bǎ dōngxi wàng zài fángjiān lǐ le

하이 쮸 이톈

还住一天。

hái zhù yìtiān

쩌거 싱리 춘따오 샤우 우뎬, 커이 마

这个行李存到下午五点, 可以吗?

zhège xínglǐ cúndào xiàwǔ wǔdiǎn kěyǐ ma

정보입수

배가 고파요.

중국요리를 먹고 싶어요.

좋은 음식점 소개해 주세요.

예약 할 수 있어요?

약도를 그려주시겠어요?

여기서 걸어갈 수 있어요?

어떻게 가나요?

西餐 시찬 양식	特色菜 터써차이 특색요리
xīcān	tèsècài
中餐 쫑찬 중식	日餐 르찬 일식
zhōngcān	rìcān

워 으어 러

我饿了。

wǒ è le

워 샹 츠 쭝구어 차이

我想吃中国菜。

wǒ xiǎng chī Zhōngguó cài

칭 게이 워 찌에샤오 이샤 하오 찬팅

请给我介绍一下好餐厅。

qǐng gěi wǒ jièshào yíxià hǎo cāntīng

커이 위띵 마

可以预定吗?

kěyǐ yùdìng ma

넝 게이 워 화 이짱 띠투 마

能给我画一张地图吗?

néng gěi wǒ huà yìzhāng dìtú ma

커이 조우 져 취 마

可以走着去吗?

kěyǐ zǒu zhe qù ma

전머 조우

怎么走?

zěnme zǒu

이곳 특유의 요리를 먹고 싶어요.

싸고 맛있는 가게를 알려주세요.

몇 시까지 영업해요?

근처에 한국식당 있어요?

음식점에서

7시에 예약했어요.

지금 자리가 없습니다.

몇 분이십니까?

이쪽으로 오십시오.

워 샹 츠 쪄리 더 터차이
我想吃这里的特菜。
wǒ xiǎng chī zhèlǐ de tècài

니 까오쑤 워 요우 피엔이 요우 하오츠 더 식탕
你告诉我又便宜又好吃的食堂。
nǐ gàosu wǒ yòu piányi yòu hǎochī de shítáng

지 뎬 꽌 먼
几点关门?
jǐ diǎn guān mén

쪄 푸진 요우 메이 요우 한구어 식탕
这附近有没有韩国食堂?
zhè fùjìn yǒu méi yǒu Hánguó shítáng

碟子 디에즈 접시 diézi	勺子 샤오즈 숟가락 sháozi	
杯子 뻬이즈 컵 bēizi	筷子 콰이즈 젓가락 kuàizi	

워 위띵 러 치뎬
我预定了7点。
wǒ yùdìng le qīdiǎn

시엔짜이 메이요우 쭈오웨이
现在没有座位。
xiànzài méiyǒu zuòwèi

니먼 지 웨이
你们几位?
nǐmen jǐ wèi

칭 껀 워 라이
请跟我来。
qǐng gēn wǒ lái

메뉴 좀 보여주세요.

주문은 뭘로 하시겠습니까?

잠깐만 기다려 주세요.

저기요, 주문 좀 받아주세요.

저거랑 같은 걸로 주세요.

오늘의 요리는 뭐예요?

이건 주문한 요리가 아니에요.

식사중에

잘 먹겠습니다.

.칭 게이 워 차이딴
请给我菜单。
qǐng gěi wǒ càidān

닌 뎬 션머 차이
您点什么菜?
nín diǎn shénme cài

덩 이샤 바
等一下吧!
děng yíxià ba

푸우위엔, 워 야오 뎬차이
服务员, 我要点菜。
fúwùyuán wǒ yào diǎncài

게이 워 껀 나거 이양더
给我跟那个一样的。
gěi wǒ gēn nàge yíyàng de

찐톈 더 차이 싀 션머
今天的菜是什么?
jīntiān de cài shì shénme

쩌 부싀 워 뎬더 차이
这不是我点的菜。
zhè búshì wǒ diǎnde cài

식
사

식
사
중
에

好吃 하오츠 맛있다 hǎochī		酸甜 쑤안티앤 새콤달콤하다 suāntián	
水 슈이 물 shuǐ		打包 다빠오 포장 dǎbāo	

워 야오 츠 러
我要吃了。
wǒ yào chī le

요리가 아직 안 나왔어요.

금방 나와요?

이건 어떻게 먹어요?

이 요리는 재료가 뭐예요?

물 좀 주세요.

냉수를 부탁해요.

이거 맛있겠다. 잘 먹었습니다.

이건 포장해 주세요.

이걸로 할게요.

워 뎬더 차이 하이메이 라이
我点的菜还没来。
wǒ diǎnde cài háiméi lái

쩌 차이 넝 마샹 쭈오 하오 마
这菜能马上做好吗?
zhè cài néngmǎshàng zuò hǎo ma

쩌거 전머 츠 너
这个怎么吃呢?
zhège zěnme chī ne

쩌 차이 더 차이랴오 싀 션머
这菜的材料是什么?
zhè cài de cáiliào shì shénme

칭 게이 워 슈이
请给我水。
qǐng gěi wǒ shuǐ

칭 게이 워 렁슈이
请给我冷水。
qǐng gěi wǒ lěngshuǐ

하오샹 헌 하오츠 츠 하오 러
好像很好吃! 吃好了。
hǎoxiàng hěn hǎochī chī hǎo le

쩌거, 칭 다빠오
这个, 请打包。
zhège qǐng dǎbāo

워 야오 쩌거
我要这个。
wǒ yào zhège

맥주 한 병 주세요.

안주는 어떤 게 있어요?

얼음하고 물 주세요.

건배!

약간 취했어요.

뜨거운 커피 주세요.

중국에는 어떤 전통차가 있어요?

啤酒 피지우 맥주	鸡尾酒 지웨이지우 칵테일
pijiǔ	jīwěijiǔ
酒菜 지우차이 안주	传统酒 촨퉁지우 전통주
jiǔcài	chuántǒngjiǔ

칭 시엔 라이 이핑 피지우
请先来一瓶啤酒。
qǐng xiān lái yìpíng píjiǔ

요우 션머 지우차이
有什么酒菜?
yǒu shénme jiǔcài

칭 게이 워 삥콰이 허 슈이
请给我冰块和水。
qǐng gěi wǒ bīngkuài hé shuǐ

깐뻬이
干杯!
gānbēi

워 요우디얼 쭈이 러
我有点儿醉了。
wǒ yǒudiǎnr zuì le

绿茶 뤼차 녹차	奶茶 나이차 밀크티
lǜchá	nǎichá
乌龙茶 우룽차 우롱차	普洱茶 푸얼차 보이차
wūlóngchá	pǔ'ěrchá

칭 게이 워 르어 카페이
请给我热咖啡。
qǐng gěi wǒ rè kāfēi

짜이 쭝구어 요우 션머 촨퉁차
在中国有什么传统茶?
zài Zhōngguó yǒu shénme chuántǒng chá

가져갈 수 있어요?

리필 되나요?

한 잔 더 주세요.

계산

계산해 주세요.

전부 얼마예요?

따로따로 내고 싶은데요.

제가 낼게요.

거스름돈이 틀려요.

커이 따이 조우 마
可以带走吗?
kěyǐ dài zǒu ma

칭 닌 짜이 찌아 이디엔
请您再加一点?
qǐng nín zài jiā yìdiǎn

짜이 라이 이뻬이
再来一杯。
zài lái yìbēi

计算 찌쑤안 계산	找钱 자오치엔 거스름돈
jìsuàn	zhǎoqián
一共 이꽁 전부	
yígòng	

지에짱
结帐!
jiézhàng

이꽁 뚜오샤오 치엔
一共多少钱?
yígòng duōshao qián

워먼 샹 펀카이 푸
我们想分开付。
wǒmen xiǎng fēnkāi fù

워 칭 커
我请客。
wǒ qǐng kè

니 쟈오 치엔 추오 러
你找钱错了。
nǐ zhǎoqián cuò le

길을 물을 때

실례합니다.

길을 좀 가르쳐 주세요.

~에 가려고 해요.

지하철역이 어디예요?

~는 어느 쪽이에요?

이 근처에 ~가 있어요?

이 지도에서 여기가 어디예요?

地铁 띠티에 지하철 dìtiě		**火车** 후오처 기차 huǒchē	
打的 다띠 택시 dǎdí		**公共汽车** 꽁꽁치쳐 버스 gōnggòngqìchē	

칭 원

请问。
qǐng wèn

칭 게이 워 땅 샹따오 커이마

请给我当向导, 可以吗?
qǐng gěi wǒ dāngxiàngdǎo   kěyǐ ma

워 샹 야오 취~

我想要去 ~ 。
wǒ xiǎng yào qù

띠티에짠 짜이 날

地铁站在哪儿?
dìtiězhàn   zài   nǎr

~ 나비엔

~, 在哪边?
zài   nǎbiān

쩌 푸진 요우 메이 요우 ~

这附近有没有 ~?
zhè   fùjìn   yǒu měi yǒu

쩌 띠투 리, 쩌 식 션머 띠팡

这地图里, 这是什么地方?
zhè   dìtú   lǐ   zhè shì shénme dìfang

동물원까지 어떻게 가나요?

시간이 얼마나 걸려요?

여기서 멀어요?

걸어갈 수 있어요?

지하철

표 사는 곳이 어디예요?

저쪽 자동판매기에서 빼면 돼요.

지하철 노선도 있어요?

이거 타면 ~에 가나요?

따오 똥우위엔 전머 조우
到动物园怎么走?
dào dòngwùyuán zěnme zǒu

쉬야오 뚜오창 싀찌엔
需要多长时间?
xūyào duōcháng shíjiān

리 쩔 위엔 마
离这儿远吗?
lí zhèr yuǎn ma

넝 조우 저 취 마
能走着去吗?
néng zǒu zhe qù ma

票 퍄오 표 piào		交通卡 찌아통카 교통카드 jiāotōngkǎ	
站 짠 역 zhàn		末班车 모어빤처 막차 mòbānchē	

이
동

지
하
철

짜이 날 마이 퍄오
在哪儿买票?
zài nǎr mǎi

짜이 나비엔 더 마이퍄오찌 샹 넝 마이따오 퍄오
在那边的买票机上能买到票。
zài nàbiān de mǎipiàojī shàngnéng mǎidào piào

요우 띠티에 루시엔투 마
有地铁路线图吗?
yǒu dìtiě lùxiàntú ma

쭈오 쩌거, 취 ~ 마
坐这个, 去 ~ 吗?
zuò zhège qù ma

~선은 어디서 갈아타요?

다음 역이 ~인가요?

두 장 주세요.

국립박물관은 어디로 나가요?

~역까지 얼마예요?

막차가 언제예요?

보관함은 어디 있어요?

버스

~행 버스는 어디서 타요?

~ 시엔, 짜이 날 후안 쳐
~ 线, 在哪儿换车?
xiàn zài nǎr huàn chē

시아 이 짠 싀 ~, 뚜이 마
下一站是 ~, 对吗?
xià yí zhàn shì duì ma

워 야오 량 짱
我要两张。
wǒ yào liǎngzhāng

구어리 보우구안 싀 지 하오 추코우
国立博物馆是几号出口?
guólì bówùguǎn shì jǐ hào chūkǒu

따오 ~ 짠 뚜오샤오 치엔
到 ~ 站多少钱?
dào zhàn duōshao qián

모어빤쳐 지 뎬 리카이
末班车几点离开?
mòbānchē jǐ diǎn líkāi

찌춘추 짜이 날
寄存处在哪儿?
jìcúnchù zài nǎr

이
동

버
스

下车 샤쳐 내리다	公车线路 꽁쳐씨앤루 버스 노선
xià chē	gōngchēxiànlù
停车站 팅쳐짠 버스정류장	上车 샹쳐 타다
tíngchēzhàn	shàng chē

취 ~ 더 치쳐 짜이 날 쭈오 쳐
去 ~ 的汽车在哪儿坐车?
qù de qìchē zài nǎr zuò chē

몇 번 버스 타면 돼요?

이 버스 타면 ~ 가요?

다음 버스는 언제 와요?

내려요!

고속버스 여행

고속버스터미널은 어디예요?

~행은 몇 시에 있어요?

다음 버스는 몇 시예요?

~행 어디서 타요?

워 잉까이 쭈오 지 루 치쳐

我应该坐几路汽车?

wǒ yīnggāi zuò jǐ lù qìchē

쩌 량 꽁쳐 취 부 취 ~

这辆公车去不去 ~?

zhè liàng gōngchē qù bú qù

시아거 꽁쳐 션머 싀호우 라이

下个公车什么时候来?

xiàge gōngchē shénme shíhou lái

워 야오 시아 쳐

我要下车!

wǒ yào xià chē

停车站 팅쳐짠 터미널   **安全带** 안췐따이 안전벨트

tíngchēzhàn   ānquándài

休息室 슈시싀 휴게소

xiūxishì

까오쑤 바싀 팅쳐짠 짜이 날

高速巴士停车站在哪儿?

gāosù bāshì tíngchēzhàn zài nǎr

취 ~더 빠싀 라이 지 뎬

去 ~ 的巴士来几点?

qù de bāshì lái jǐ diǎn

시아거 빠싀 라이 지 뎬

下个巴士来几点?

xiàge bāshì lái jǐ diǎn

취 ~ 더 빠싀 짜이 날 샹 쳐

去 ~ 的巴士在哪儿上车?

qù de bāshì zài nǎr shàng chē

1번 승차장이 어디예요?

어디로 가세요?

이 주소로 가주세요.

~ 호텔까지 부탁해요.

트렁크에 짐을 실어도 되나요?

공항까지 얼마나 나와요?

시내를 한 바퀴 돌아주세요.

여기 세워주세요.

이하오 더 청쳐창 짜이 날
1号的乘车场在哪儿?
yíhào de chéngchēcháng zài nǎr

地址 띠즈 주소		**导航软件** 따오항루안찌앤 지도앱	
dìzhǐ		dǎohángruǎnjiàn	
行李箱 싱리샹 트렁크		**机场** 찌창 공항	
xínglǐxiāng		jīchǎng	

니 취 날
你去哪儿?
nǐ qù nǎr

칭 취 쩌 띠즈
请去这地址。
qǐng qù zhè dìzhǐ

칭 따오 ~ 삔구안
请到 ~ 宾馆。
qǐng dào bīnguǎn

커이 쫭짜이 짜이 씽리샹 마
可以装载在行李箱吗?
kěyǐ zhuāngzài zài xínglǐxiāng ma

따이 찌창 야오 뚜오샤오 치엔
到机场要多少钱?
dào jīchǎng yào duōshao qián

칭 라오 이샤 식네이 이취안
请绕一下市内一圈。
qǐng rào yíxià shìnèi yìquān

팅쳐 바
停车吧!
tíngchē ba

이
동

택
시

여기서 기다려 주세요.

1시간 후에 다시 와주세요.

서둘러 주세요.

(돈을 내면서) 여기 있어요.

짜이 쩔 덩 워

在这儿等我。

zài zhèr děng wǒ

이거 샤오싀 이호우 짜이 라이 바

1个小时以后再来吧。

yígè xiǎoshí yǐhòu zài lái ba

칭 콰이 디얼

请快点儿!

qǐng kuài diǎnr

푸 치엔

付钱。

fù qián

관광안내소에서

관광안내소는 어디 있어요?

시내지도 있어요?

안내책자 있어요?

가장 가볼 만한 곳은 어디인가요?

전철로 갈 수 있나요?

버스시간표 주세요.

여기서 예약할 수 있어요?

| 市内地图 싀네이 띠투 시내지도 | 团体观看 투안티 꽌칸 단체 관람 |
| 遗迹地 이찌띠 유적지 | 小册子 샤오쳐쯔 팜플렛 |

뤼요우 씬시쭁신 짜이 날
旅游信息中心在哪儿?
lǚyóu xìnxīzhōngxīn zài nǎr

요우 싀네이 띠투 마
有市内地图吗?
yǒu shìnèi dìtú ma

요우 뤼요우 쇼우처 마
有旅游手册吗?
yǒu lǚyóu shǒucè ma

쭈이 하오 취더 디팡 싀 날 리
最好去的地方是哪里?
zuì hǎo qù de dìfang shì nǎ lǐ

커이 쭈오 띠티에 취 마
可以坐地铁去吗?
kěyǐ zuò dìtiě qù ma

칭 게이 워 바싀 싀커뱌오
请给我巴士时刻表。
qǐng gěi wǒ bāshì shíkèbiǎo

짜이 쩔 넝 위띵 마
在这儿能预定吗?
zài zhèr néng yùdìng ma

관광

관광안내소에서

경극을 보고 싶어요.

시내 투어버스 있어요?

이 투어 신청하고 싶은데요.

가이드를 고용할 수 있나요?

관광지에서

입장권은 어디서 사요?

어른 두 장, 어린이 한 장 주세요.

학생할인은 안 되나요?

흡연구역이 어디예요?

워 샹 칸 찡쥐

我想看京剧。
wǒ xiǎng kàn jīngjù

요우 싀네이 뤼요우쳐 마

有市内旅游车吗?
yǒu shìnèi lǚyóuchē ma

워 샹 찬찌아 쩌거 뤼요우투안

我想参加这个旅游团。
wǒ xiǎng cānjiā zhège lǚyóutuán

커이 꾸융 다오요우 마

可以雇佣导游吗?
kěyǐ gùyòng dǎoyóu ma

门票 먼퍄오 입장권 ménpiào		**观光 指南手册** 꽌광즈난셔우처 가이드북 guānguāng zhǐnán shǒucè	
打折 다져 할인 dǎzhé		**纪念品** 찌니엔핀 기념품 jìniànpǐn	

먼퍄오 짜이 날 마이

门票在哪儿卖?
ménpiào zài nǎr mài

따런 량짱, 샤오하이 이짱

大人两张, 小孩一张。
dàrén liǎngzhāng xiǎohái yìzhāng

쉬에셩 커이 다져 마

学生可以打折吗?
xuésheng kěyǐ dǎzhé ma

짜이 날 커이 시옌 마

在哪儿可以吸烟吗?
zài nǎr kěyǐ xīyān ma

관광지에서

기념품은 어디서 팔아요?

사진 찍기

사진 좀 찍어주시겠어요?

여길 누르면 돼요.

함께 사진을 찍어도 될까요?

근처에 사진관이 있나요?

1, 2, 3, 치~즈!

박물관 · 미술관

입장료가 얼마예요?

찌니엔핀 짜이 날 마이
纪念品在哪儿卖?
jìniànpǐn zài nǎr mǎi

照片 쟈오피엔 사진 zhàopiàn	**重拍** 총파이 다시 찍다 chóngpāi	**闪光** 샨꽝 플래시 shǎnguāngdiàn	
一起 이치 함께 yìqǐ	**拍** 파이 찍다 pāi		

칭 빵 워 파이 이샤 마
请帮我拍一下吗?
qǐngbāng wǒ pāi yíxià ma

안 쩔 찌우 커이 러
按这儿就可以了。
àn zhèr jiù kěyǐ le

워 껀 니 이치 파이 쟈오피엔, 커이 마
我跟你一起拍照片, 可以吗?
wǒ gēn nǐ yìqǐ pāi zhàopiàn kěyǐ ma

쩌리 푸진 요우 메이 요우 쟈오샹구안
这里附近有没有照相馆?
zhèlǐ fùjìn yǒu méi yǒu zhàoxiāngguǎn

이, 얼, 싼, 치에즈!
一, 二, 三, 茄子!
yī èr sān qiézi

入口 루코우 입구 rùkǒu	**导游** 따오여우 가이드 dǎoyóu	
出口 츄코우 출구 chūkǒu	**作品** 주어핀 작품 zuòpǐn	

먼퍄오 뚜오샤오 치엔
门票多少钱?
ménpiào duōshao qián

사진찍기 / 박물관·미술관

입구는 어디예요?

안에서 사진 찍어도 돼요?

괜찮아요.

사진촬영은 안 돼요.

그림엽서 있어요?

몇 시까지 해요?

안내 팸플릿 있어요?

조용히 해주세요.

손대지 마세요.

루코우 짜이 날
入口在哪儿?
rùkǒu zài nǎr

짜이 리미엔 커이 파이 쟈오피엔 마
在里面可以拍照片吗?
zài lǐmiàn kěyǐ pāi zhàopiàn ma

커이
可以。
kěyǐ

뿌 커이
不可以。
bú kěyǐ

요우 화피엔 마
有画片吗?
yǒu huàpiàn ma

지 뎬 꾸안 먼
几点关门?
jǐ diǎn guān

요우 샹다오처 마
有向导册吗?
yǒu xiàngdǎocè ma

칭 안찡 이샤
请安静一下。
qǐng ānjìng yíxià

칭 우 똥 쇼우
请勿动手。
qǐng wù dòngshǒu

짐을 맡기고 싶은데요.

관람

지금 표를 살 수 있어요?

앞자리/뒷자리로 부탁해요.

좌석이 매진되었습니다.

이 자리 비어 있어요?

여기 제 자리예요.

워 샹 찌춘 워더 싱리
我想寄存我的行李。
wǒ xiǎng jìcún wǒde xínglǐ

卖完 마이완 매진　　　演出时间 옌츄스지앤 공연시간
mài　　　　　　　　　yǎnchūshíjiān
位子 웨이즈 좌석
wèizi

워 시엔짜이 넝 취 마이 퍄오 마
我现在能去买票吗?
wǒ xiànzài néng qù mǎi piào ma

워 야오 치엔파이/호우파이 더
我要前排(后排)的。
wǒ yào qiánpái hòupái de

이징 마이 완 러
已经卖完了。
yǐjing mài wán le

쩌거 웨이즈 요우 런 라이 마
这个位子有人来吗?
zhège wèizi yǒu rén lái ma

쩌 싀 워더 쭈오웨이
这是我的座位。
zhè shì wǒ de zuòwèi

환전

환전소 어디예요?

인민폐로 환전해 주세요.

잔돈으로 바꿔주세요.

오늘 환율이 얼마인가요?

이것을 현금으로 바꿔주세요.

가게에서

어서 오세요.

兑换处 뚜이환추 환전소		**美元** 메이위앤 달러	
duìhuànchù		měiyuán	
现金 시엔찐 현금		**人民币** 런민비 인민폐	
xiànjīn		rénmínbì	

뚜이환추 짜이 날

兑换处在哪儿?
duìhuànchù zài nǎr

칭 환청 런민비

请换成人民币。
qǐnghuànchéng rénmínbì

칭 환청 링치엔 바

请换成零钱吧。
qǐnghuànchéng língqián ba

찐티엔 후이뤼 싀 뚜오샤오

今天的汇率是多少?
jīntiān de huìlǜ shì duōshao

쩌거 환 시엔찐

这个换现金。
zhège huàn xiànjīn

这个 쩌거 이것		**刷卡** 슈아카 카드로 결제하다	
zhège		shuākǎ	
那个 나거 저것		**购物袋** 꺼우따이 쇼핑백	
nàge		gòuwùdài	

환잉 꽝린

欢迎光临!
huānyíng guānglín

쇼
핑

환
전
/
가
게
에
서

찾으시는 게 있으세요?

그냥 구경 좀 하려고요.

저거 보여주세요.

만져봐도 돼요?

이거 얼마예요?

전부 얼마예요?

비싸네요.

좀 더 싼 거 없어요?

이거 주세요.

닌 쉬야오 마이 디엔 션머

您需要买点什么?

nín xūyào mǎi diǎn shénme

즈싈 칸칸

只是看看。

zhǐshi kànkan

게이 워 칸칸 나거

给我看看那个。

gěi wǒ kànkan nàge

커이 모어 이샤 마

可以摸一下吗?

kěyǐ mō yíxià ma

쩌거 뚜오샤오 치엔

这个多少钱?

zhège duōshao qián

이꽁 뚜오샤오 치엔

一共多少钱?

yígòng duōshao qián

타이 꾸이 러

太贵了。

tài guì le

요우 짜이 피엔이 더 마

有再便宜的吗?

yǒu zài piányi de ma

워 야오 쩌거

我要这个。

wǒ yào zhège

이 지역의 특산품은 뭐예요?

이 책을 찾고 있어요.

선물을 사고 싶은데요.

포장해 주실 수 있어요?

가격표는 떼어 주세요.

따로따로 포장해 주세요.

한국으로 부쳐주세요.

옷 사기

입어봐도 돼요?

쩌거 띠팡 더 터챤핀 싀 션머
这个地方的特产品是什么?
zhège dìfang de tèchǎnpǐn shì shénme

워 쟈오 쩌 번 슈
我找这本书。
wǒ zhǎo zhè běn shū

워 샹 마이 리우
我想买礼物。
wǒ xiǎng mǎi lǐwù

커이 바오쫭 마
可以包装吗?
kěyǐ bāozhuāng ma

칭 찌에 이샤 뱌오찌아카
请揭一下标价卡。
qǐng jiē yíxià biāojiàkǎ

칭 펀카이 바오쫭
请分开包装。
qǐng fēnkāi bāozhuāng

칭 찌따오 한구어
请寄到韩国。
qǐng jìdào Hánguó

쇼
핑

옷
사
기

太 타이 크다	脱 투어 벗다
小 샤오 작다	穿 촨 입다

커이 싀 촨 이샤 마
可以试穿一下吗?
kěyǐ shì chuān yíxià ma

탈의실 어디예요?

이거 옷감이 뭐예요?

딱 맞아요. / 너무 커요.

잘 어울려요.

허리가 꽉 껴요.

L사이즈 주세요.

다른 색깔도 있어요?

심플한 디자인이 좋아요.

치파오 있어요?

쇠이찌엔 짜이 날
试衣间在哪儿?
shìyījiàn zài nǎr

쩌 싀 션머 이랴오 더
这是什么衣料的?
zhè shì shénme yīliào de

쩡하오 / 타이 따 러
正好。/ 太大了。
zhènghǎo   tài dà le

헌 허싀
很合适。
hěn héshì

야오웨이 요우 디얼 진
腰围有点儿紧。
yāowéi yǒu diǎnr jǐn

워 야오 따하오 더
我要大号的。
wǒ yào dàhào de

요우 비에더 옌써 마
有别的颜色吗?
yǒu bié de yánsè ma

워 시환 푸쑤 더 콴싀
我喜欢朴素的款式。
wǒ xǐhuan pǔsù de kuǎnshì

요우 치파오 마
有旗袍吗?
yǒu qípáo ma

구두 사기

신어봐도 돼요?

저 구두 얼마예요?

245 사이즈 있나요?

약간 크네요.

한 치수 큰 걸로 주세요.

값을 깎을 때

비싸네요.

깎아주세요.

运动鞋 윈똥시에 운동화 yùndòngxié		**轻便鞋** 칭비앤시에 스니커즈 qīngbiànxié	
皮鞋 피시에 구두 píxié		**凉鞋** 량시에 샌들 liángxié	

워 커이 싀 이샤 마
我可以试一下吗?
wǒ　kěyǐ　shì　yíxià　ma

쩌 피시에 뚜오샤오 치엔
这皮鞋多少钱?
zhè　píxié　duōshao qián

요우 얼바이쓰싀우 하오 마
有 245号吗?
yǒu　èrbǎisìshíwǔ hào ma

요우 디얼 따
有点儿大。
yǒu　diǎnr　dà

칭 게이 워 짜이 따 이디얼
请给我再大一点儿的。
qǐng gěi wǒ zài dà　yìdiǎnr　de

便宜 피엔이 싸다 piányi		**讨价还价** 타오지아환찌아 가격흥정 tǎojiàhuánjià	
贵 꾸이 비싸다 guì		**打折扣** 다 져코우 깎다 dǎ zhékòu	

헌 꾸이
很贵。
hěn guì

피엔이 이디얼 바
便宜一点儿吧。
piányi　yìdiǎnr　ba

좀 더 싸게 해주세요.

너무 비싸요, 안 살래요.

둘러보고 다시 올게요.

계산하기

계산은 어디서 해요?

이 쿠폰 쓸 수 있나요?

이 카드 돼요?

다시 한 번 확인해 주세요.

영수증 주세요.

짜이 피엔이 이디얼 바
再便宜一点儿吧。
zài piányi yìdiǎnr ba

타이 꾸이 러, 뿌 마이 러
太贵了, 不买了。
tài guì le bú mǎi le

워 취 비에더 띠팡 칸칸 짜이 라이!
我去别的地方看看再来!
wǒ qù biéde dìfang kànkan zài lái

减价 지엔찌아 세일	**买一送一** 마이이쏭이 원플러스원
jiǎnjià	mǎiyīsòngyī
摊付 탄푸 할부	**优待票** 요우따이퍄오 쿠폰
tānfù	yōudàipiào

짜이 날 찌아오 치엔
在哪儿交钱?
zài nǎr jiāo qián

넝 용 쩌거 요우따이퍄오 마
能用这个优待票吗?
néngyòng zhège yōudàipiào ma

넝 용 쩌거 신용카 마
能用这个信用卡吗?
néngyòng zhège xìnyòngkǎ ma

칭 짜이 취에런 이샤
请再确认一下。
qǐng zài quèrèn yíxià

칭 게이 워 파 퍄오
请给我发票。
qǐng gěi wǒ fā piào

교환·환불

환불해 주시겠어요?

다른 걸로 바꾸고 싶어요.

이거 고장났어요.

영수증 가져 오셨어요?

네, 여기요.

退货 투이훠 반품		**不退不换** 부투이부환 교환 · 환불 불가	
tuìhuò		bùtuìbùhuàn	
交换 쟈오환 교환		**兑还** 뚜이환 환불	
jiāohuàn		duìhuán	

넝 바 치엔 투이 게이 워 마

能把钱退给我吗?
néng bǎ qián tuì gěi wǒ ma

워 샹 환 비에더 똥시

我想换别的东西。
wǒ xiǎnghuàn biéde dōngxi

쩌거 화이 러

这个坏了。
zhège huài le

파 퍄오 따이 라이 러 마

发票带来了吗?
fāpiào dài lái le ma

따이 라이 러, 쩌 찌우 싀

带来了，这就是。
dài lái le zhè jiù shì

말 걸기

여기서 뭐 하세요?

경치가 참 좋군요.

날씨가 덥네요.

어디서 오셨어요?

그거 참 좋군요.

친구가 되고 싶어요.

연락처를 알려주세요.

职业 쯔예 직업 zhíyè	**年纪** 녠지 나이 niánjì	**电话号码** 뎬화하오마 전화번호 diànhuàhàomǎ	
专业 좐예 전공 zhuānyè	**爱好** 아이하오 취미 àihào		

니 짜이 쩌리 깐 션머

你在这里干什么?

nǐ zài zhèlǐ gàn shénme

펑징 헌 메이리

风景很美丽。

fēngjǐng hěn měilì

티엔치 헌 르어

天气很热。

tiānqì hěn rè

니 총 날 라이 더

你从哪儿来的?

nǐ cóng nǎr lái de

나 타이 하오 러

那太好了。

nà tài hǎo le

워 샹 땅 니더 펑요우

我想当你的朋友。

wǒ xiǎngdàng nǐde péngyou

칭 까오쑤 이샤 니더 리엔시츄

请告诉一下你的联系处。

qǐng gàosu yíxià nǐde liánxichù

연락해도 될까요?

옆에 앉아도 돼요?

사진을 보내드릴 테니, 주소 좀
가르쳐주세요.

제 명함이에요.

같이 식사라도 하러 가요.

여행을 좋아하세요?

다음 목적지는 어디예요?

한잔 하러 가실래요?

좋은 하루 되세요.

커이 리엔시 마
可以联系吗？
kěyǐ liánxi ma

커이 쭈오 니더 팡비엔 마
可以坐你的旁边吗？
kěyǐ zuò nǐde pángbiān ma

워 게이 니 쏭 쟈오피엔, 칭 까오쑤워 이샤 니더 띠즈
我给你送照片，请告诉我一下你的地址。
wǒ gěi nǐ sòngzhàopiàn qǐng gàosu wǒ yíxià nǐde dì zhǐ

쩌 싀 워더 밍피엔
这是我的名片。
zhè shì wǒde míngpiàn

워먼 이치 츠 판, 하오 마
我们一起吃饭，好吗？
wǒmen yìqǐ chī fàn hǎo ma

니 시환 뤼싱 마
你喜欢旅行吗？
nǐ xǐhuan lǚxíng ma

샤 이츠 무띠띠 싀 나거 띠팡
下一次目的地是哪个地方？
xià yícì mùdìdì shì nǎge dìfang

워먼 이치 취 허 지우, 하오 마
我们一起去喝酒，好吗？
wǒmen yìqǐ qù hē jiǔ hǎo ma

시왕 니 꾸오 위콰이 더 이텐
希望你过愉快的一天。
xīwàng nǐ guò yúkuài de yìtiān

좋은 여행 되세요.

칭찬하기

참 친절하시네요.

눈이 참 예뻐요.

참 잘 어울려요.

보는 눈이 있으시군요.

정말 잘 하시네요.

스타일이 좋네요.

재미있어요.

이 루 슌 펑
一路顺风。
yí lù shùnfēng

有意思 요우이쓰 재미있다 yǒu yìsi		**幸福** 씽푸 행복하다 xìngfú	
高兴 까오씽 기쁘다 gāoxìng		**愉快** 위콰이 즐겁다 yúcuài	

니 헌 르어칭
你很热情。
nǐ hěn rèqíng

니더 옌징 헌 퍄오량
你的眼睛很漂亮。
nǐde   yǎnjīng hěn piàoliang

껀 니 헌 허쓰
跟你很合适。
gēn nǐ hěn héshì

니 요우 옌리
你有眼力。
nǐ yǒu yǎnlì

니 쭈오더 헌 하오
你做得很好。
nǐ   zuòde hěn hǎo

씽샹 헌 부 추오
形象很不错。
xíngxiàng hěn bú cuò

헌 요우 이쓰
很有意思。
hěn yǒu yìsi

오늘 너무 즐거웠어요.

대단해요!

당신과 만나서 행복해요.

나이보다 어려보이시네요.

메일주소 주고받기

괜찮으시다면 이메일 주소 좀 가르쳐주시겠어요?

제 메일 주소는 ~ 예요.

좀 적어주시겠어요?

그럼요.

찐톈 헌 카이신
今天很开心。
jīntiān hěn kāixīn

쩐 빵
真棒!
zhēnbàng

런식 니, 워 헌 까오싱
认识你，我很高兴。
rènshi nǐ wǒ hěn gāoxing

니 비 니엔링 껑 니엔칭
你比年龄更年轻。
nǐ bǐ niánlíng gēng niánqīng

朋友 펑요우 친구

电子邮件地址 띠엔즈 요우찌엔 띠즈 메일주소
diànzǐ yóujiàn dìzhǐ

니더 띠엔즈 요우찌엔 띠즈 까오쑤 워, 싱마
你的电子邮件地址告诉我，行吗？
nǐde diànzǐ yóujiàn dìzhǐ gàosu wǒ xíng ma

워더 띠엔즈 요우찌엔 띠즈 식 ～
我的电子邮件地址是~。
wǒde diànzǐ yóujiàn dìzhǐ shì

니 커이 시에 이샤 마
你可以写一下吗？
nǐ kěyǐ xiě yíxià ma

하오 더
好的。
hǎo de

우리 계속 연락해요.

거절하기

사양하겠습니다.

선약이 있어요.

그다지 내키지 않네요.

그만두세요.

남자친구/여자친구가 있어요.

워먼 찌쉬 리엔시 바

我们继续联系吧。
wǒmen jìxù liánxi ba

忙 망 바쁘다	下次 쌰츠 다음번
约会 위에후이 약속	拒绝 쥐쥐에 거절하다
yuēhuì	xiàcì
	jùjué

부 야오 러

不要了。
bú yào le

워 요우 위에딩

我有约定。
wǒ yǒu yuēdìng

부 타이 칭위엔

不太情愿。
bú tài qíngyuàn

쑤안 러 바

算了吧。
suàn le ba

워 요우 난 펑요우 (뉘 펑요우)

我有男朋友(女朋友)。
wǒ yǒu nán péngyou   nǚ péngyou

사고·질병

제일 가까운 병원이 어디예요?

약국 어디예요?

구급약 있어요?

의사를 불러주세요.

병원에 데려가 주세요.

어떻게 해야 하죠?

비상구는 어디 있나요?

救护车 찌우후처 구급차	**开药** 카이야오 약을 처방하다
药店 야오뎬 약국	**医生** 이셩 의사

리 쩔 찐더 이위엔 짜이 날
离这儿近的医院在哪儿?
lí zhèr jìnde yīyuàn zài nǎr

야오뎬 짜이 날
药店在哪儿?
yàodiàn zài nǎr

요우 찌우지야오 마
有救急药吗?
yǒu jiùjíyào ma

칭 찌아오 이셩 라이
有叫医生来。
yǒu jiào yīshēng lái

칭 바 워 쏭따오 이위엔
请把我送到医院。
qǐng bǎ wǒ sòngdào yīyuàn

전머빤 너
怎么办呢?
zěnmebàn ne

타이핑먼 짜이 날
太平门在哪儿?
tàipíngmén zài nǎr

사
고
·
질
병

위
급
상
황

구급차를 불러주세요.

다친 사람이 있어요.

경찰을 불러주세요.

한국 대사관에 연락해 주세요.

약국

감기약 주세요.

손을 베었어요.

처방전을 보여주시겠어요?

하루에 세 번 식후에 드세요.

칭 찌아오 이량 찌우후쳐
请叫一辆救护车。
qǐng jiào yíliàng jiùhùchē

쩌 리 요우 쇼우샹 더 런
这里有受伤的人。
zhè lǐ yǒu shòushāng de rén

칭 찌아오 찡차 라이
请叫警察来。
qǐng jiào jǐngchá lái

칭 껀 한구어 따싀관 리엔시
请跟韩国大使馆联系。
qǐng gēn Hánguó dàshǐguǎn liánxì

止痛药 zhǐtòngyào	쯔통야오 진통제	**眼药水** yǎnyàoshuǐ	얜야오슈에이 안약
消毒药 xiāodúyào	샤오두야오 소독약	**消化药** xiāohuàyào	샤오화야오 소화제

워 야오 간마오 야오
我要感冒药。
wǒ yào gǎnmào yào

치에 샹 쇼우즈
切伤手指。
qiē shāng shǒuzhǐ

커이 칸 이샤 츄팡 마
可以看一下处方吗?
kěyǐ kàn yíxià chǔfāng ma

이톈 싼츠, 판 호우 츠
一天三次, 饭后吃。
yìtiān sāncì fàn hòu chī

반창고 주세요.

경찰서 어디예요?

지갑을 소매치기 당했어요.

택시에 가방을 두고 내렸어요.

항공권을 잃어버렸어요.

여권을 잃어버렸어요.

분실물센터는 어디예요?

이게 중국 연락처예요.

칭 게이 워 샹피까오

请给我橡皮膏。

qǐng gěi wǒ xiàngpígāo

钱 치엔 돈 qián		**举报** 쥐빠오 신고하다 jǔbào	
小偷 샤오토우 소매치기 xiǎotōu		**警察** 찡차 경찰 jǐngchá	

꽁안쮜 짜이 날

公安局在哪儿?

gōngānjú zài nǎr

워더 치엔빠오 뻬이 토우 러

我的钱包被偷了。

wǒde qiánbāo bèi tōu le

워 바 빠오 팡 짜이 츄주쳐 샹 러

我把包放在出租车上了。

wǒ bǎ bāo fàng zài chūzūchē chē shàng le

워 바 찌피아오 띠우 러

我把机票丢了。

wǒ bǎ jīpiào diū le

워 바 후쨔오 띠우 러

我把护照丢了。

wǒ bǎ hùzhào diū le

싀우쨔오링츄 짜이 날

失物招领处在哪儿?

shīwùzhāolǐngchù zài nǎr

쩌 싀 워더 쭝구어 리엔시츄

这是我的中国联系处。

zhè shì wǒde Zhōngguó liánxìchù

찾으면 알려주세요.

가방에 뭐가 들어 있었나요?

어디서 잃어버렸는지 모르겠어요.

카드사용을 정지시켜 주세요.

다급할 때

살려주세요!

누구 없어요? 도와주세요!

도둑이야!

조심해요!

루구어 쟈오따오더 화, 까오쑤 워 바

如果找到的话，告诉我吧。

rúguǒ zhǎodàode huà gàosu wǒ ba

리미엔 요우 션머 똥시

里面有什么东西？

lǐmiàn yǒu shénme dōngxi

워 뿌쯔따오 짜이날 띠우 더

我不知道在哪儿丢的。

wǒ bú zhīdào zài nǎr diū de

팅쯔 싀용 카

停止使用卡。

tíngzhǐ shǐyòng kǎ

救护车 찌여우후처 구급차	消防车 씨아오팡처 소방차
jiùhùchē	xiāofángchē
警察局 징차쮜 경찰서	
jǐngchájú	

찌우 밍 아

救命啊！

jiù mìng ā

메이요우 션머 런 마 빵 거 망 바

没有什么人吗？帮个忙吧！

méi yǒu shénme rén ma bāng ge máng ba

샤오 토우

小偷！

xiǎo tōu

샤오 신

小心！

xiǎo xīn

잡아라!

몸이 안 좋아요.

열이 있어요.

기침이 나와요.

콧물이 나와요.

코가 막혔어요.

기력이 없어요.

어지러워요.

쭈아쭈 타

抓住他!
zhuāzhù tā

抽血 쵸우쒸에 채혈 chōuxuè		**化验** 화앤 검사 huàyàn	
体温 티원 체온 tǐwēn			

워 쥐에더 뿌 슈푸

我觉得不舒服。
wǒ juéde bú shūfu

요우 파샤오

有发烧。
yǒu fāshāo

요우 커쏘우

有咳嗽。
yǒu késou

리우 비티

流鼻涕。
liú bítì

비써

鼻塞。
bísè

윈션 우리

浑身无力。
yúnshēn wúlì

토우윈

头晕。
tóuyūn

오한이 나요.

감기 들었어요.

입맛이 없어요.

천식이에요.

설사를 해요.

변비에 걸렸어요.

식중독이에요.

소화불량이에요.

메스꺼워요.

파렁
发冷。
fālěng

간마오 러
感冒了。
gǎnmào le

메이요우 싀위
没有食欲。
méiyǒu shíyù

치촨
气喘。
qìchuǎn

라 뚜즈
拉肚子。
lā dùzi

환 삐엔미
患便秘。
huàn biànmì

싀우 쭝두
食物中毒。
shíwù zhōngdú

샤오화 뿌 량
消化不良。
xiāohuà bú liáng

으어신
恶心。
ěxin

배가 아파요.

이가 아파요.

위가 아파요.

생리통이에요.

골절했어요.

당뇨병이에요.

몸이 가려워요.

임신중이에요.

뚜즈 텅

肚子疼。

dùzi téng

야 텅

牙疼。

yá téng

웨이 텅

胃疼。

wèi téng

통찡

痛疼。

tòngjīng

구져

骨折。

gǔzhé

탕냐오삥

患糖尿病。

huàn tángniàobìng

양 션티

痒身体。

yǎng shēntǐ

화이윈

怀孕。

huáiyùn

부록

1. 써먹는 단어

숫자

0	零 링 (líng)	16	十六 싀리우 (shíliù)
1	一 이 (yī)	17	十七 싀치 (shíqī)
2	二 얼 (èr)	18	十八 싀빠 (shíbā)
3	三 싼 (sān)	19	十九 싀지우 (shíjiǔ)
4	四 쓰 (sì)	20	二十 얼싀 (èrshí)
5	五 우 (wǔ)	30	三十 싼싀 (sānshí)
6	六 리우 (liù)	40	四十 쓰싀 (sìshí)
7	七 치 (qī)	50	五十 우싀 (wǔshí)
8	八 빠 (bā)	60	六十 리우싀 (liùshí)
9	九 지우 (jiǔ)	70	七十 치싀 (qīshí)
10	十 싀 (shí)	80	八十 빠싀 (bāshí)
11	十一 싀이 (shíyī)	90	九十 지우싀 (jiǔshí)
12	十二 싀얼 (shí'èr)	100	一百 이바이 (yìbǎi)
13	十三 싀싼 (shísān)	200	二百 얼바이 (èrbǎi)
14	十四 싀쓰 (shísì)	300	三百 싼바이 (sānbǎi)
15	十五 싀우 (shíwǔ)	400	四百 쓰바이 (sìbǎi)

500	五百 우바이 wǔbǎi		1,000	一千 이치엔 yìqiān
600	六百 리우바이 liùbǎi		10,000	一万 이완 yíwàn
700	七百 치바이 qībǎi		100,000	十万 쇠완 shíwàn
800	八百 빠바이 bābǎi		얼마	多少 뚜오샤오 duōshao
900	九百 지우바이 jiǔbǎi		몇 개	几个 지거 jǐgè

날짜

1일	一号 이하오 yì hào
2일	二号 얼하오 èr hào
3일	三号 싼하오 sān hào
4일	四号 쓰하오 sì hào
5일	五号 우하오 wǔ hào
6일	六号 리우하오 liù hào
7일	七号 치하오 qī hào
8일	八号 빠하오 bā hào
9일	九号 지우하오 jiǔ hào
10일	十号 쇠하오 shí hào

요일

월요일	星期一 씽치이 xīngqī yī
화요일	星期二 씽치얼 xīngqī èr
수요일	星期三 씽치싼 xīngqī sān
목요일	星期四 씽치쓰 xīngqī sì
금요일	星期五 씽치우 xīngqī wǔ
토요일	星期六 씽치리우 xīngqī liù
일요일	星期天 씽치티엔 xīngqī tiān

월

1월	一月 이위에 yī yuè		7월	七月 치위에 qī yuè
2월	二月 얼위에 èr yuè		8월	八月 빠위에 bā yuè
3월	三月 싼위에 sān yuè		9월	九月 지우위에 jiǔ yuè
4월	四月 쓰위에 sì yuè		10월	十月 쉬위에 shíyuè
5월	五月 우위에 wǔ yuè		11월	十一月 쉬이위에 shíyī yuè
6월	六月 리우위에 liù yuè		12월	十二月 쉬얼위에 shí'èr yuè

시간

1시	一点 이뗸 yī diǎn		10시	十点 쉬뗸 shí diǎn
2시	两点 량뗸 liǎng diǎn		11시	十一点 쉬이뗸 shíyī diǎn
3시	三点 싼뗸 sān diǎn		12시	十二点 쉬얼뗸 shí'èr diǎn
4시	四点 쓰뗸 sì diǎn		1시간	一个小时 이거샤오쉬 yígè xiǎoshí
5시	五点 우뗸 wǔ diǎn		10분	十分 쉬펀 shí fēn
6시	六点 리우뗸 liù diǎn		20분	二十分 얼쉬펀 èrshí fēn
7시	七点 치뗸 qī diǎn		30분	三十分 싼쉬펀 sānshí fēn
8시	八点 빠뗸 bā diǎn		10초	十秒 쉬먀오 shí miǎo
9시	九点 지우뗸 jiǔ diǎn		20초	二十秒 얼쉬먀오 èrshí miǎo

때

아침	早上 쟈오샹 zǎoshang	지난주	上个星期 샹거씽치 shàngge xīngqī
낮	白天 바이티엔 báitiān	이번주	这个星期 쩌거씽치 zhège xīngqī
저녁	晚上 완샹 wǎnshang	다음주	下个星期 샤거씽치 xiàge xīngqī
밤	夜晚 예완 yèwǎn	지난달	上个月 샹거위에 shànggeyuè
새벽	早晨 쟈오천 zǎochén	이번달	这个月 쩌거위에 zhègeyuè
오전	上午 샹우 shàngwǔ	다음달	下个月 샤거위에 xiàgeyuè
정오	中午 쫑우 zhōngwǔ	작년	去年 취니엔 qùnián
오후	下午 시아우 xiàwǔ	올해	今年 찐니엔 jīnnián
그저께	前天 치엔티엔 qiántiān	내년	明年 밍니엔 míngnián
어제	昨天 주오티엔 zuótiān	내후년	后年 호우니엔 hòunián
오늘	今天 찐티엔 jīntiān	매일	每天 메이티엔 měitiān
내일	明天 밍티엔 míngtiān	매주	每周 메이쯔우 měizhōu
모레	后天 호우티엔 hòutiān	최근	最近 쭈이찐 zuìjìn

그끄저께	大前天 따치엔티엔 dàqiántiān
글피	大后天 따호우티엔 dàhòutiān
지지난주	上上个星期 샹샹거 씽치 shàngshàngge xīngqī
다다음주	下下个星期 샤샤거 씽처 xiàxiàge

평일	平日 핑르 píngrì	도착일	到达日 따오다르 dàodárì
주말	周末 쪼우모 zhōumò	봄	春天 츈티엔 chūntiān
휴일	假日 찌아르 jiàrì	여름	夏天 시아티엔 xiàtiān
기념일	纪念日 찌니엔르 jìniànrì	가을	秋天 치우티엔 qiūtiān
생일	生日 셩르 shēngrì	겨울	冬天 똥티엔 dōngtiān
날짜	日期 르치 rìqī	여름방학	暑假 슈찌아 shǔjià
출발일	出发日 츄파르 chūfārì	겨울방학	寒假 한찌아 hánjià

식사

술집	酒吧 지우바 jiǔbā
찻집	茶馆 차꾸안 cháguǎn
양식	西餐 시찬 xīcān
중식	中餐 쫑찬 zhōngcān
일식	日餐 르찬 rìcān
디저트	甜点 티엔디엔 tiándiǎn
밥	米饭 미판 mǐfàn
야채	蔬菜 슈차이 shūcài
빵	面包 미엔빠오 miànbāo

케이크	蛋糕 딴까오 dàngāo	
과일	水果 슈이구어 shuǐguǒ	
쇠고기	牛肉 니우로우 niúròu	
돼지고기	猪肉 쥬로우 zhūròu	
닭고기	鸡肉 찌로우 jīròu	
계란	鸡蛋 찌딴 jīdàn	
해물	海产品 하이챤핀 hǎichǎnpǐn	
생선	鱼 위 yú	
새우	虾子 시아즈 xiāzi	
초밥	寿司 쇼우쓰 shòusī	
비빔밥	拌饭 빤판 bànfàn	
볶음밥	炒饭 차오판 chǎofàn	
북경오리구이	北京烤鸭 베이징 카오야 běijīng kǎoyā	
꼬치	串 챤 chuàn	
스테이크	牛排 니우파이 niúpái	
스파게티	意大利面 이따리미엔 yìdàlìmiàn	
패스트푸드	快餐 콰이챤 kuàicān	
감자튀김	薯条 슈탸오 shǔtiáo	
햄버거	汉堡包 한바오빠오 hànbǎobāo	
치즈버거	吉士汉堡包 지싀 한바오빠오 jíshì hànbǎobāo	

샌드위치	三明治 싼밍쯔 sānmíngzhì
샐러드	沙拉 샤라 shālā
아이스크림	冰淇淋 삥치린 bīngqílín
케첩	番茄酱 판치에찌앙 fānqiéjiàng
피자	比萨 비싸 bǐsà
빨대	吸管 시관 xīguǎn
숟가락	勺子 샤오즈 sháozi
젓가락	筷子 콰이즈 kuàizi
그릇	碗 완 wǎn
접시	碟子 디에즈 diézi
포크	叉子 챠즈 chāzi
컵	杯子 뻬이즈 bēizi
이쑤시개	牙签 야치엔 yáqiān
물수건	湿手巾 싀쇼우찐 shīshǒujīn
냅킨	餐巾纸 찬찐쯔 cānjīnzhǐ

조리법

구운	烤 카오 kǎo
삶은	煮 쮸 zhǔ

찐	蒸 쩡 zhēng
볶은	炒 챠오 chǎo
튀긴	炸 쟈 zhá
끓인	烧 샤오 shāo
날것	生的 셩더 shēngde

맛 표현

맵다	辣 라 là
짜다	咸 시엔 xián
시다	酸 쑤안 suān
싱겁다	淡 딴 dàn
달콤하다	甜 티엔 tián
쓰다	苦 쿠 kǔ
떫다	涩 써 sè
담백하다	清淡 칭딴 qīngdàn
느끼하다	油腻 요우니 yóunì
고소하다	香喷喷 시앙펀펀 xiāngpēnpēn
부드럽다	软 루안 ruǎn

술	酒 지우 _{jiǔ}
맥주	啤酒 피지우 _{píjiǔ}
생맥주	生啤 셩피 _{shēngpí}
와인	葡萄酒 푸타오지우 _{pútáojiǔ}
소주	白酒 바이 지우 _{bái jiǔ}
위스키	威士忌 웨이싁찌 _{wēishìjì}
칵테일	鸡尾酒 찌웨이지우 _{jīwěijiǔ}
음료	饮料 인랴오 _{yǐnliào}
생수	矿泉水 쾅췐슈이 _{kuàngquánshuǐ}
끓는 물	热水 르어슈이 _{rèshuǐ}
커피	咖啡 카페이 _{kāfēi}
녹차	绿茶 뤼챠 _{lǜchá}
홍차	红茶 홍챠 _{hóngchá}
아이스티	冰茶 삥챠 _{bīngchá}
사이다	气水 치슈이 _{qìshuǐ}
콜라	可乐 커러 _{kělè}
우유	牛奶 니우나이 _{niúnǎi}
밀크커피	牛奶咖啡 니우나이 카페이 _{niúnǎi kāfēi}

쇼핑

특별할인가	优惠价格 요우후이 찌아거 yōuhui jiàgé
바겐세일	大减价 따찌엔찌아 dàjiǎnjià
신용카드	信用卡 신용카 xìnyòngkǎ
백화점	百货商店 바이훠 샹뗸 bǎihuò shāngdiàn
면세점	免税商店 미엔슈이 샹뗸 miǎnshuìshāngdiàn
영화관	电影馆 띠엔잉꽌 diànyǐngguǎn
기념품가게	纪念品店 찐니엔핀 샹뗸 jìniànpǐnshāngdiàn
슈퍼마켓	超市 챠오싀 chāoshì
시장	市场 싀챵 shìchǎng
서점	书店 슈뗸 shūdiàn
전기제품	电子制品 띠엔즈 쯔핀 diànzǐ zhìpǐn
카메라	照相机 쨔오샹찌 zhàoxiàngjī
디카	数码相机 슈마 샹찌 shùmǎ xiàngjī
컴퓨터	电脑 띠엔나오 diànnǎo
노트북	笔记本电脑 삐찌번 띠엔나오 bǐjìběn diànnǎo
CD	光盘 꽝판 guāngpán
DVD	DVD 디브이디
만화	漫画 만화 mànhuà

악세서리	首饰 쇼우싀 shǒushì	
장난감	玩具 완쥐 wánjù	
부채	扇子 샨쯔 shànzi	
우산	雨伞 위싼 yǔsǎn	
티슈	面巾纸 미엔찐쯔 miànjīnzhǐ	
핸드백	手提包 쇼우티빠오 shǒutíbāo	
숄더백	挎包 콰빠오 kuàbāo	
반지	戒指 찌에쯔 jièzhi	
목걸이	项链 샹롄 xiàngliàn	
귀걸이	耳环 얼환 ěrhuán	
팔찌	手镯 쇼우쭈오 shǒuzhuó	
브로치	饰针 싀쩐 shìzhēn	
보석	宝石 바오싀 bǎoshí	
안경	眼镜 옌찡 yǎnjìng	
선글라스	墨镜 모어찡 mòjìng	
모자	帽子 마오즈 màozi	
손수건	手帕 쇼우파 shǒupà	
스카프, 목도리	围巾 웨이찐 wéijīn	

장갑	手套 쇼우타오 _{shǒutào}
양말	袜子 와즈 _{wàzi}
가방	包 빠오 _{bāo}
의류	衣服 이푸 _{yīfu}
상의	上衣 샹이 _{shàngyī}
와이셔츠	衬衫 천샨 _{chènshān}
치마	裙子 췬쯔 _{qúnzi}
스웨터	毛衣 마오이 _{máoyī}
원피스	连衣裙 리엔이췬 _{liányīqún}
바지	裤子 쿠즈 _{kùzi}
속옷	内衣 네이이 _{nèiyī}
양복	西服 시푸 _{xīfú}
치파오	旗袍 치파오 _{qípáo}
넥타이	领带 링따이 _{lǐngdài}
벨트	腰带 야오따이 _{yāodài}
손목시계	手表 쇼우뱌오 _{shǒubiǎo}
구두	皮鞋 피시에 _{píxié}
부츠	皮靴 피쉬에 _{píxuē}

하이힐	高跟鞋 까오껀시에 gāogēnxié	
샌들	凉鞋 량시에 liángxié	
운동화	运动鞋 윈똥시에 yùndòngxié	
슬리퍼	拖鞋 투오시에 tuōxié	
향수	香水 샹슈이 xiāngshuǐ	
화장품	化妆品 화쫭핀 huàzhuāngpǐn	
매니큐어	指甲油 쯔찌아요우 zhǐjiayóu	
선크림	防晒霜 팡샤이슈앙 fángshàishuāng	
리무버	洗甲水 시찌아슈이 xǐjiashuǐ	
팩	面膜 몐모어 miànmó	
립스틱	口红 코우훙 kǒuhóng	
기름종이	吃油纸 츠요우쯔 chīyóuzhǐ	
피부	皮肤 피푸 pífū	
지성	油性皮肤 요우씽 피푸 yóuxìng pífū	
건성	干性皮肤 깐씽 피푸 gānxìng pífū	
중성	中性皮肤 쫑씽 피푸 zhōngxìng pífū	
복합성	复合性皮肤 푸허씽 피푸 fùhéxìng pífū	
민감성	敏感性皮肤 민간씽 피푸 mǐngǎnxìng pífū	

싼	便宜 피엔이 <small>piányi</small>	
비싼	贵 꾸이 <small>guì</small>	
더 큰	再大的 짜이 따더 <small>zài dàde</small>	
더 작은	再小的 짜이 샤오더 <small>zài xiǎode</small>	
XL	特号 터하오 <small>tèhào</small>	
L	大号 따하오 <small>dàhào</small>	
M	中号 쫑하오 <small>zhōnghào</small>	
S	小号 샤오하오 <small>xiǎohào</small>	
딱 맞다	正好 쩡하오 <small>zhènghào</small>	
헐렁하다	松 쏭 <small>sōng</small>	
타이트하다	紧 진 <small>jǐn</small>	
짧다	短 똰 <small>duǎn</small>	
길다	长 창 <small>cháng</small>	
화려하다	华丽 화리 <small>huálì</small>	
수수하다	朴素 푸쑤 <small>pǔsù</small>	
진한	深的 션더 <small>shēnde</small>	
옅은	淡的 딴더 <small>dànde</small>	
어두운	暗淡 안딴 <small>àndàn</small>	

선명하다	鲜明 시엔밍
헤어스타일	发型 파싱
긴 머리	长发 창파
대머리	光头 꽝토우
퍼머하다	烫发 탕파
커트하다	剪发 찌엔파
면도하다	刮胡子 꽈 후즈
마사지	按摩 안모어
면	棉 미엔
순모	纯毛 츈마오
마	麻 마
실크	丝绸 쓰쵸우
나일론	尼龙 니롱
합성섬유	合成纤维 허청 시엔웨이
가죽	皮革 피꺼
폴리에스테르	聚酯 쮜쯔

날씨

태풍	台风 타이펑 táifēng
지진	地震 디쩐 dìzhèn
비가 오다	下雨 샤위 xiàyǔ
눈이 내리다	下雪 샤쉬에 xiàxuě
바람이 불다	刮风 꽈펑 guāfēng
맑다	晴 칭 qíng
흐리다	阴 인 yīn
해가 뜨다	日出来 르 츄라이 rì chūlái
해가 지다	日落下 르 루오시아 rì luòxià
무지개	虹 홍 hóng
번개	雷 레이 léi
안개	雾 우 wù

병원	医院 이위엔 yīyuàn
진찰	看病 칸삥 kànbìng
입원	住院 쮜위엔 zhùyuàn
퇴원	出院 츄위엔 chūyuàn
수술	手术 쇼우슈 shǒushù
구급차	救护车 찌우후쳐 jiùhùchē
내과	内科 네이커 nèikē
외과	外科 와이커 wàikē
치과	牙科 야커 yákē
안과	眼科 옌커 yǎnkē
산부인과	妇产科 푸챤커 fùchǎnkē
소아과	小儿科 샤오얼커 xiǎo'érkē
정형외과	整形外科 쪙씽와이커 zhěngxíngwàikē
성형외과	整容外科 쪙롱와이커 zhěngróngwàikē
혈압	血压 쉬에야 xuèyā
생리	月经 위에찡 yuèjīng
임신	怀孕 화이윈 huáiyùn
맥박	脉搏 마이보어 màibó
소변검사	验小便 옌샤오삐엔 yànxiǎobiàn

화상	烧伤 샤오샹 shāoshāng
타박상	碰伤 펑샹 pèngshāng
소화불량	消化不良 샤오화뿌량 xiāohuàbùliáng
식중독	食物中毒 쇠우쭝두 shíwùzhòngdú
진통제	止痛药 쯔통야오 zhǐtòngyào
소화제	消化药 샤오화야오 xiāohuàyào
위장약	肠胃药 창웨이야오 chángwèiyào
변비약	便秘药 삐엔미야오 biànmìyào
해열제	退烧药 투이샤오야오 tuìshāoyào
멀미약	晕车药 윈쳐야오 yùnchēyào
소독약	消毒药 샤오두야오 xiāodúyào
밴드	创可贴 촹커티에 chuāngkětiē
반창고	橡皮膏 샹피까오 xiàngpígāo
붕대	绷带 벙따이 bēngdài
가제	纱布 샤뿌 shābù
탈지면	脱脂棉 투오쯔미엔 tuōzhīmián
파스	对氨水杨酸 뚜이안슈이양쑤안 duì'ānshuǐyángsuān
마스크	口罩 코우쨔오 kǒuzhào
수면제	安眠药 안미엔야오 ānmiányào
연고	药膏 야오까오 yàogāo

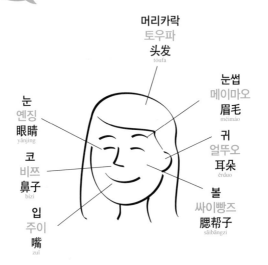

머리카락
토우파
头发
tóufa

눈썹
메이마오
眉毛
méimáo

눈
옌징
眼睛
yǎnjing

귀
얼뚜오
耳朵
ěrduo

코
비쯔
鼻子
bízi

볼
싸이빵즈
腮帮子
sāibāngzi

입
주이
嘴
zuǐ

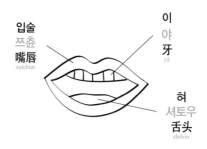

입술
쯔츈
嘴唇
zuǐchún

이
야
牙
yá

혀
셔토우
舌头
shétou

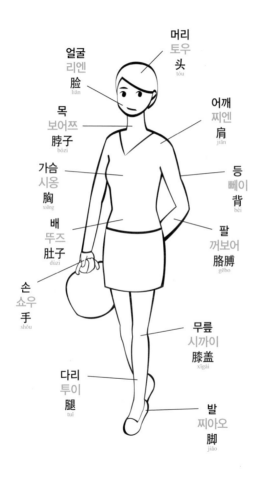

머리
토우
头
tóu

얼굴
리엔
脸
liǎn

어깨
찌엔
肩
jiān

목
보어쯔
脖子
bózi

등
뻬이
背
bèi

가슴
시옹
胸
xiōng

배
뚜즈
肚子
dùzi

팔
꺼보어
胳膊
gēbo

손
쇼우
手
shǒu

무릎
시까이
膝盖
xīgài

다리
투이
腿
tuǐ

발
찌아오
脚
jiǎo

24시간 영업	24时营业 érshísìshí yíngyè	얼싀쓰싀 잉예
개찰구	剪票口 jiǎnpiàokǒu	찌엔퍄오코우
경고	警告 jǐnggào	징까오
경찰서	公安局 gōng'ānjú	꽁안쥐
고장	故障 gùzhàng	꾸짱
공사중	工程中 gōngchéngzhōng	꽁청쫑
공중전화	共用电话 gòngyòng diànhuà	꽁용 띠엔화
균일가 100위안	均匀价 100元 jūnyúnjià yìbǎi yuán	쮠윈찌아 이바이 위엔
금연	禁止吸烟 jìnzhǐ xīyān	찐쯔 시옌
금일개점	今日开店 jīnrì kāidiàn	찐르 카이뎬
낙석주의	注意落石 zhùyì luòshí	쭈이 루오싀
난방중	暖房中 nuǎnfángzhōng	누안팡쫑
내부 수리중	内部 修理中 nèibù xiūlǐzhōng	네이뿌 슈리쫑
냉방중	冷房中 lěngfángzhōng	렁팡쫑
당기시오	拉 lā	라
동물에게 음식을 주지 마시오	不要给 动物吃的。 bú yàogěi dòngwù chīde	부 야오 게이 똥우 츠더
마음껏 드시고 100위안	随便吃, 付一百元。 suíbiànchī fù yìbǎi yuán	쑤이삐엔 츠, 푸 이바이 위안
막다른 길	死路 sǐlù	쓰루

만실	满室 mǎnshì	만싀
만차	满车 mǎnchē	만쳐
매점	小卖部 xiǎomàibù	샤오마이뿌
매진	售完 / 卖完 shòuwán / màiwán	쇼우완 / 마이완
매표소	售票处 shòupiàochù	쇼우퍄오츄
먹는 물	食水 shíshuǐ	싀 슈이
문을 닫으시오	请关门吧 qǐngguānmén ba	칭 꽌먼 바
미끄럼주의	小心地滑 xiǎoxīndìhuá	샤오신띠화
미성년자 출입금지	禁止入内 未成年人 jìnzhǐ rúnèi wèichéngniánrén	찐쯔 루네이 웨이청니엔런
미시오	推 tuī	투이
반품 사절	谢绝退货 xièjué tuìhuò	시에쥐에 투이후오
분실물취급소	失物招领处 shīwù zhāolǐngchù	싀유 쟈오링츄
불조심	小心火灾 xiǎoxīn huǒzāi	샤오신 후오짜이
비매품	非卖品 fēimàipǐn	페이마이핀
비밀번호	密码 mìmǎ	미마
사용금지	禁止使用 jìnzhǐ shǐyòng	찐쯔 싀용
사용기한	使用期限 shǐyòng qīxiàn	싀용 치시엔
사용중	使用中 shǐyòngzhōng	싀용쫑

산지직송	产地直送 chǎndì zhísòng	찬띠 쯔쏭
서행	徐行 xúxíng	쉬씽
선불	先付 xiānfù	시엔 푸
셀프서비스	自我服务 zìwǒ fúwù	쯔워 푸우
손대지 마시오	请勿动手 qǐng wù dòngshǒu	칭 우 똥쇼우
수리중	修理中 xiūlǐzhōng	시우리쭝
수하물취급소	行李办理所 xíngli bànlǐsuǒ	싱리 빤리쑤오
연중무휴	无节假日 wújié jiàrì	우지에 찌아르
영업중	营业中 yíngyèzhōng	잉예쭝
예약제	预约制 yùyuēzhì	위위에쯔
우체국	邮局 yóujú	요우쥐
우회전금지	禁止往右拐 jìnzhǐ wǎngyòuguǎi	찐쯔 왕요우꽈이
월요일 휴관	星期一 休馆 xīngqīyī xiūguǎn	씽치이 슈꽌
위험	危险 wēixiǎn	웨이시엔
유통기한 : 제조일로부터 1년이내	有效期限 : 制造日期一年以内 yǒuxiào qīxiàn zhìzào rìqī yìnián yǐnèi	요우샤오 치시엔 : 쯔짜 오 르치 이니엔 이네이
음식물반입금지	禁止携带食品 jìnzhǐ xiédài shípǐn	찐쯔 시에따이 싀핀
일방통행	单行线 dānxíngxiàn	딴싱시엔
임시휴업	临时休业 línshí xiūyè	린싀 슈예
입구	入口 rùkǒu	루코우

입장무료	免费入场 miǎnfèi rùchǎng	미엔페이 루창
자동판매기	自动售货机 zìdòng shòuhuòjī	스똥 쇼우후오찌
자전거도로	自行车道 zìxíngchē dào	쯔싱쳐 따오
잔디에 들어가지 마시오	请勿进去草地 qǐng wù jìnqù cǎodì	칭 우 찐취 차오띠
점검중	检修中 jiǎnxiūzhōng	찌엔슈쫑
접근금지	请勿靠近 qǐngwùkàojìn	칭우카오찐
접수	接受 jiēshòu	지에쇼우
정기휴일	定期休日 dìngqī xiūrì	띵치 슈르
정숙	肃静 sùjìng	쑤찡
좌측통행	左行 zuǒxíng	주어싱
주의	注意 zhùyì	쭈이
주차금지	禁止停车 jìnzhǐ tíngchē	찐쯔 팅쳐
줄 서세요	请排队吧 qǐng páiduì ba	칭 파이뚜이 바
진입 / 출입금지	禁止进入/出入 jìnzhǐ jìnrù chūrù	찐쯔 찐루 / 츄루
청소중	打扫中 dǎsǎo zhōng	다싸오 쫑
촬영금지	禁止拍照 jìnzhǐ pāizhào	찐쯔 파이쨔오
추월금지	禁止超车 jìnzhǐ chāochē	찐쯔 챠오쳐
출구	出口 chūkǒu	츄코우
출구전용	出口专用 chūkǒu zhuānyòng	츄코우 쫜용

취급주의	小心轻放 xiǎoxīn qīngfàng	샤오신 칭팡
통행금지	禁止通行 jìnzhǐ tōngxíng	찐쯔 통씽
폐문	关门 guānmén	꽌 먼
폐점	停业 tíngyè	팅예
포장 (식당에서)	包装 bāozhuāng	바오쫭
품절	售完 shòu wán	쇼우 완
하차 후 탑승	先下后上 xiān xià hòu shàng	시엔 샤 호우 샹
현금자동인출기	自动提款机 zìdòng tíkuǎnjī	쯔똥 티콴찌
화장실	厕所 cèsuǒ	처쑤오
환전소	换钱所 huànqiánsuǒ	환치앤쑤오
회원제	会员制 huìyuánzhì	후이위엔쯔
횡단금지	禁止横断 jìnzhǐ héngduàn	찐쯔 헝뚜안
휴대폰사용금지	禁止把手机使用 jìnzhǐ bǎ shǒujī shǐyòng	찐쯔 바 쇼우지 싀용
휴업	休业 xiūyè	시우예
휴지통	垃圾箱 lājīxiāng	라지시앙
흡연구역	吸烟区域 xīyān qūyù	시엔 취예

여행 일본어

오하요 고자이마스

안녕하세요?

부탁할 때

~ 주세요.
~ ください。
쿠다사이

□ 써 주세요. **書いて ください。**
카이떼 쿠다사이

□ 읽어 주세요. **読んで ください。**
요ㄴ데 쿠다사이

□ 가르쳐 주세요. **おしえて ください。**
오시에떼 쿠다사이

□ 도와 주세요. **てつだって ください。**
테쯔다ㄷ떼 쿠다사이

□ 열어 주세요. **開けて ください。**
아께떼 쿠다사이

□ 닫아 주세요. **しめて ください。**
시메떼 쿠다사이

□ 와 주세요. **来て ください。**
키떼 쿠다사이

□ 세워 주세요. **とめて ください。**
토메떼 쿠다사이

□ 가져와 주세요. **もって 来て ください。**
모ㄷ떼 키떼 쿠다사이

바라는게 있을 때

~ 싶어요.
~ たいのですが。
~ 따이노데스가

□ 식사하고 싶어요.　　**しょくじを したいのですが。**
　　　　　　　　　　　쇼꾸지오 시따이노데스가

□ 화장실에 가고 싶어요.　**トイレに 行きたいのですが。**
　　　　　　　　　　　토이레니 이끼따이노데스가

□ 호텔에 돌아가고
　싶어요.　　　　　　**ホテルに もどりたいのですが。**
　　　　　　　　　　　호테루니 모도리 따이노데스가

□ 사진 찍고 싶어요.　　**しゃしんを とりたいのですが。**
　　　　　　　　　　　샤시○오 토리따이노데스가

□ 선물을 사고 싶어요.　**おみやげを 買いたいのですが。**
　　　　　　　　　　　오미야게오 카이따이노데스가

□ 쉬고 싶어요.　　　　**やすみ たいのですが。**
　　　　　　　　　　　야스미 따이노데스가

~ 돼요?
~ いいですか。
~ 이이데스까

□ 봐도 돼요?

見ても いいですか。
미떼모 이이데스까

□ 앉아도 돼요?

すわっても いいですか。
스와ㄷ떼모 이이데스까

□ 들어가도 돼요?

はいっても いいですか。
하이ㄷ떼모 이이데스까

□ 창문 열어도 돼요?

まどを 開けても いいですか。
마도오 아께떼모 이이데스까

□ 담배 피워도 돼요?

タバコを すっても いいですか。
타바코오 스ㄷ떼모 이이데스까

□ 이 치마 입어 봐도
돼요?

着て みても いいですか。
키떼 미떼모 이이데스까

□ 이거 만져 봐도 돼요?

さわって みても いいですか。
사와ㄷ떼 미떼모 이이데스까

□ 사진 찍어도 돼요?

しゃしんを とっても いいですか。
샤시ㅇ오 토ㄷ떼모 이이데스까

□ 이거 열어 봐도 돼요?

開けて みても いいですか。
아께떼 미떼모 이이데스까

~ 어디예요?
# ~ どこですか。
~ 도꼬데스까

□ 화장실 어디예요? **トイレ** どこですか。
토이레 도꼬데스까

□ 출입구 어디예요? **でいりぐち** どこですか。
데이리구치 도꼬데스까

□ 안내소 어디예요? **インフォーメーション** どこですか。
이ㅇ훠-메-쇼ㄴ 도꼬데스까

□ 엘리베이터 어디
예요? **エレベーター** どこですか。
에레베-타- 도꼬데스까

□ 공중전화 어디예요? **こうしゅうでんわ** どこですか。
코-슈-데ㅇ와 도꼬데스까

□ 역 어디예요? **えき** どこですか。
에끼 도꼬데스까

□ 편의점 어디예요? **コンビニ** どこですか。
코ㅁ비니 도꼬데스까

□ 버스정류장 어디
예요? **バスてい** どこですか。
바스떼- 도꼬데스까

□ 택시타는 곳 어디
예요? **タクシーのりば** どこですか。
타쿠시-노리바 도꼬데스까

길을 잃었어요.

みちに まよいました。

미치니 마요이마시따

가까운 전철역이 어디예요?

いちばん ちかい えきは どこですか。

이치바○ 치까이 에끼와 도꼬데스까

※ 지도를 가리키며

여기가 어디예요?

ここは どこですか。

코꼬와 도꼬데스까

여기에 가고 싶은데요.

ここに 行きたいのですが。

코꼬니 이끼따이노데스가

길을 물을 때

거기까지 어떻게 가요?
そこまで どうやって 行きますか。
소꼬마데 도- 야ㄷ떼 이끼마스까

~로 가요.
~ 行きます。
~ 이끼마스

□ 전철로 가요.　**でんしゃで 行きます。**
데ㄴ 샤 데 이끼마스

□ 택시로 가요.　**タクシーで 行きます。**
타쿠시-데 이끼마스

□ 버스로 가요.　**バスで 行きます。**
바스데 이끼마스

□ 배로 가요.　**ふねで 行きます。**
후네데 이끼마스

□ 걸어서 가요.　**あるいて 行きます。**
아루이떼 이끼마스

~ 있어요?
~ あります か。
~ 아리마스까

□ 관광지도 있어요?　**ガイドマップ** あります か。
가이도 마ㅂ푸 아리마스까

□ 생수 있어요?　**ティッシュ** あります か。
티ㅅ슈 아리마스까

□ 손수건 있어요?　**ハンカチ** あります か。
하ㅇ카치 아리마스까

□ 생수 있어요?　**ミネラルウォーター** あります か。
미네라루워- 타- 아리마스까

□ 볼펜 있어요?　**ボールペン** あります か。
보-루페ㄴ 아리마스까

□ 우산 있어요?　**かさ** あります か。
카사 아리마스까

□ 엽서 있어요?　**ハガキ** あります か。
하가키 아리마스까

□ 건전지 있어요?　**バッテリ** あります か。
바ㄷ테리 아리마스까

□ 칫솔 있어요?　**はブラシ** あります か。
하부라시 아리마스까

~ 뭐예요?
~ なんですか。
~ 나ㄴ데스까

□ 이건 뭐예요?　　　**これは なんですか。**
　　　　　　　　　　코레와 나ㄴ데스까

□ 그건 뭐예요?　　　**それは なんですか。**
　　　　　　　　　　소레와 나ㄴ데스까

□ 저건 뭐예요?　　　**あれは なんですか。**
　　　　　　　　　　아레와 나ㄴ데스까

~ 얼마예요?
~ いくらですか。
~ 이꾸라데스까

□ 한 개 얼마예요?　　**ひとつ いくらですか。**
　　　　　　　　　　히또쯔 이꾸라데스까

□ 전부 얼마예요?　　**ぜんぶで いくらですか。**
　　　　　　　　　　제ㅁ부데 이꾸라데스까

~ (병/잔) 주세요.

~ ください。

~ 쿠다사이

□ **맥주** 한 병 **주세요.**　　**ビール** いっぽん ください。
　　　　두 병　　　　　　　　　　にほん
　　　　세 병　　　　　　　　　　さんぼん
　　　　네 병　　　　　　　　　　よんほん
　　　　다섯 병　　　　　　　　　ごほん

　　　　　　　　　　　비-루　이ㅂ뽀ㄴ 쿠다사이
　　　　　　　　　　　　　　　니호ㄴ
　　　　　　　　　　　　　　　사ㄴ보ㄴ
　　　　　　　　　　　　　　　요ㄴ호ㄴ
　　　　　　　　　　　　　　　고호ㄴ

□ **얼음물** 한 잔 **주세요.**　　**おひや** いっぱい ください。
　　　　두 잔　　　　　　　　　　にはい
　　　　세 잔　　　　　　　　　　さんばい
　　　　네 잔　　　　　　　　　　よんはい
　　　　다섯 잔　　　　　　　　　ごはい

　　　　　　　　　　　오히야　이ㅂ빠이 쿠다사이
　　　　　　　　　　　　　　　니하이
　　　　　　　　　　　　　　　사ㅁ바이
　　　　　　　　　　　　　　　요ㅇ하이
　　　　　　　　　　　　　　　고하이

~ (그릇/인분) 주세요.

~ ください。

~ 쿠다사이

라면 한 그릇 주세요.	ラーメン	いっぱい ください。
두 그릇		にはい
세 그릇		さんばい
네 그릇		よんはい
다섯 그릇		ごはい
	라-메ㄴ	이っ파이 쿠다사이
		니하이
		산바이
		욘하이
		고하이

소고기덮밥 1인분 주세요.	ぎゅうどん	いちにんまえ ください。
2인분		ににんまえ
3인분		さんにんまえ
4인분		よにんまえ
5인분		ごにんまえ
	소고기덮밥	이치니ㅁ마에 쿠다사이
		니니ㅁ마에
		사ㄴ니ㅁ마에
		요니ㅁ마에
		고니ㅁ마에

인사 하기

안녕하세요? (아침)

안녕하세요? (낮)

안녕하세요? (저녁)

처음 뵙겠습니다.

잘 지내요?

예, 잘 지내요.

오랜만이에요.

おはよう 오하요-	안녕?(아침)	ええ 에 –	예
おやすみ 오야스미	잘 자	うん元気 응, 겡끼	응, 잘 지내
元気? 겡끼	잘 지내?	ひさしぶり 히사시부리	오랜만이야.

오하요- 고자이마스
おはよう ございます。

코ㄴ니치와
こんにちは。

코ㅁ바ㅇ와
こんばんは。

하지메마시떼
はじめまして。

오게ㅇ끼데스까
おげんきですか。

에 – 게ㅇ끼데스
ええ、げんきです。

오히사시부리데스
おひさしぶりです。

실례합니다.

안녕히 가세요(계세요).

안녕히 주무세요.

살펴 가세요.

• 자기소개

저는 ~라고 합니다.

한국에서 왔어요.

일본은 처음이에요.

무슨 일 하세요?

시쯔레이시마스
しつれいします。

사요-나라
さようなら。

오야스미 나사이
おやすみ なさい。

오끼오 쯔께떼
お気を つけて。

韓国人 캉꼬꾸진 한국인		**学生** 각세- 학생	
日本人 니혼진 일본인		**会社員** 카이샤인 회사원	
中国人 츄-고꾸진 중국인	**公務員** 코-무인 공무원		
アメリカ人 아메리카진 미국인		**デザイナー** 데자이나- 디자이너	

와따시와 ~또 이이마스
わたしは ~と いいます。

카ㅇ꼬꾸까라 키마시따
かんこくから 来ました。

니호ㅇ와 하지메떼데스
にほんは はじめてです。

오시고또와 나ㄴ데스까
おしごとは なんですか。

대학생이에요.

취미는 뭐예요?

취미는 여행이에요.

무슨 전공이세요?

일본문학을 공부하고 있어요.

한국에 가보셨어요?

어떤 영화 좋아하세요?

• 감사와 사과

감사합니다.

다이가꾸세ー데스
だいがくせいです。

슈미와 나ㄴ데스까
しゅみは なんですか。

슈미와 료꼬ー데스
しゅみは りょこうです。

세ㅇ꼬ー와 나ㄴ데스까
せんこうは なんですか。

니호ㄴ노 부ㅇ가꾸오 베ㅇ꼬ー시떼 이마스
にほんの ぶんがくを べんきょうして います。

카ㅇ꼬꾸니 이ㄷ따 코또가 아리마스까
かんこくに 行った ことが ありますか。

도ㄴ나 에ー가가 스끼데스까
どんな えいがが すきですか。

おくれて 오꾸레떼 늦어서	ありがとう 아리가또 고마워.
だいじょうぶ 다이죠ー부 괜찮다	ごめん 고멘 미안.
とうも 도ー모 정말. 참, 매우	遅れる 오쿠레루 지각하다

아리가또ー 고자이마스
ありがとう ございます。

고마워요.

천만에요.

미안합니다.

죄송합니다.

늦어서 미안해요.

괜찮아요.

저야말로.

신세 많이 졌습니다.

덕분이에요.

도-모 아리가또-
どうも ありがとう。

도- 이따시마시떼
どう いたしまして。

스미마세ㄴ
すみません。

모-시와께 아리마세ㄴ
もうしわけ ありません。

오꾸레떼 고메ㄴ나사이
おくれて ごめんなさい。

다이죠-부데스
だいじょうぶです。

코치라꼬소
こちらこそ。

오세와니 나리마시따
おせわに なりました。

오까게사마데
おかげさまで。

수고하셨습니다.

대답과 맞장구

예.

아니오.

알았어요.

모르겠어요.

좋네요.

싫어요.

거절합니다.

오 쯔 까 레 사 마 데 시 따
おつかれさまでした。

すてき 스떼키 멋있다		気持ち悪い 기모치와루이 혐오스럽다	
すごい 스고이 대단하다		いい 이이 좋다	
楽しい 타노시이 즐겁다		悪い 와루이 나쁘다	
面白い 오모시로이 재밌다		かわいい 카와이이 귀엽다	

하 이
はい。

이 이 에
いいえ。

와 까 리 마 시 따
わかりました。

와 까 리 마 세 ㄴ
わかりません。

이 이 데 스 네
いいですね。

이 야 데 스
いやです。

오 꼬 또 와 리　시 마 스
おことわり します。

멋있어요.

대단해요!

그래요.

그래요?

부탁하기

잘 부탁드립니다.

좀 도와주시겠어요?

죄송해요. 못 들었어요.

좀 천천히 말해 주세요.

스떼끼데스네
すてきですね。

스고이
すごい！

소ー데스　　　소ー난데스
そうです。/ そうなんです。

소ー데스까　　　소ー난데스까
そうですか。/ そうなんですか。

聞く 키꾸 듣다	話す 하나스 말하다
ゆっくり 육꾸리 천천히	よろしくね 요로시꾸네 잘 부탁해.
早く 하야꾸 빨리	ちょっと待って 쵸ㄷ또맏떼 잠깐 기다려.

도ー조 요로시꾸 오네가이시마스
どうぞ よろしく おねがいします。

쵸ㄷ또 테쯔다ㄷ떼 쿠레마스까
ちょっと てつだって くれますか。

스미마세ㄴ 키꼬에마세ㄴ데시따
すみません。きこえませんでした。

모ㄷ또유ㄱ꾸리 하나시떼 쿠다사이
もっとゆっくり はなして ください。

한 번 더 말해 주세요.

여기에 써 주세요.

잠깐 기다려 주세요.

이것 좀 가르쳐 주세요.

조용히 해 주세요.

뭐 좀 물어봐도 될까요?

잠깐 시간 좀 내주실래요?

모ー이치도 하나시떼 쿠다사이
もういちど はなして ください。

코꼬니 카이떼 쿠다사이
ここに かいて ください。

쵸ㄷ또 마ㄷ떼 쿠다사이
ちょっと まって ください。

코레오 오시에떼 쿠다사이
これを おしえて ください。

시즈까니 시떼 쿠다사이
しずかに して ください。

쵸ㄷ또 키이떼모 이이데스까
ちょっと きいても いいですか。

쵸ㄷ또 요로시이데스까
ちょっと よろしいですか。

출발

탑승권을 보여주시겠어요?

내 자리 어디예요?

여기 제 자리예요.

지나가도 될까요?

안전벨트를 매세요.

기내서비스

담요 주세요.

搭乗券 토-죠-껜 탑승권	離陸 리리꾸 이륙
乗務員 죠-무인 승무원	着陸 챠꾸리꾸 착륙
窓側 마도가와 창측	雑紙 잣시 잡지
通路側 쯔-로가와 통로측	シートベルト 시-토베루토 안전벨트

토-죠-께ㅇ오 미세떼 쿠다사이

とうじょうけんを みせて ください。

와따시노 세끼와 도꼬데스 까

わたしの せきは どこですか。

코꼬와 와따시노 세끼데스

ここは わたしの せきです。

토오ㄷ떼모 이이데스까

とおっても いいですか。

시-토베루토오 오시메쿠다사이

シートベルトを おしめください。

毛布 모-후 담요	ワイン 와인 와인
イヤホン 이야혼 이어폰	ジュース 쥬-스 주스
お茶 오챠 차	ビール 비-루 맥주
紅茶 코-챠 홍차	水 미즈 물

모-후오 쿠다사이

もうふを ください。

베개 주세요.

어떤 음료가 있나요?

커피 좀 더 주시겠어요?

물 좀 부탁해요.

짐 찾기

짐을 어디에서 찾나요?

내 짐이 없어졌어요.

어느 비행기로 오셨어요?

수하물 표는 가지고 있나요?

마꾸라오 쿠다사이
まくらを ください。

도ㄴ나 노미모노가 아리마스까
どんな のみものが ありますか。

코ー히ーノ 오까와리오 쿠다사이
コーヒーの おかわりを ください。

오미즈오 오네가이시마스
おみずを おねがいします。

カート	카ー토 짐수레	クレームタッグ	쿠레ー무탁구 수하물표	
にもつ	니모쯔 짐	スーツケース	스ー츠케ース 여행가방	
こちら	코찌라 이쪽	手荷物受取所	테니모쯔우께또리죠 수하물수취소	

테니모쯔와 도꼬데 우께또리마스까
てにもつは どこで うけとりますか。

와따시노 니모쯔가 미아따라나이ㄴ데스가
わたしの にもつが みあたらないんですが。

도노 비ㅇ오 리요ー사레마시따까
どの びんを りようされましたか。

쿠레ー무타ㄱ구와 오모찌데스까
クレームタッグは おもちですか。

이쪽으로 연락주세요.

세관

신고할 물건이 있나요?

없어요.

가방을 열어 주세요.

이것은 세금을 내야 합니다.

이건 선물할 거예요.

코 찌 라 니   레 ㄴ 라 꾸 시 떼   쿠 다 사 이
こちらに れんらくして ください。

酒 사께 술		ウイスキー 우이스키- 위스키	
時計 토께- 시계		おみやげ 오미야게 선물	
香水 코-스이 향수		税関 제-깐 세관	
タバコ 타바코 담배		申告 싱꼬꾸 신고	

나 니 까   시 ㅇ 꼬 꾸 스 루   모 노 가   아 리 마 스 까
なにか しんこくする ものが ありますか。

아 리 마 세 ㄴ
ありません。

카 바 ㅇ 오   아 께 떼   쿠 다 사 이
かばんを あけて ください。

코 레 와   카 제 - 또   나 리 마 스
これは かぜいと なります。

코 레 와   오 미 야 게 데 스
これは おみやげです。

체크인

예약을 해두었는데요.

빈 방 있어요?

전망이 좋은 방으로 부탁해요.

하룻밤에 얼마예요?

아침 식사 포함이에요?

여권을 보여주세요.

여기에 써 주시겠어요?

見晴らし 미하라시 전망		よやく 요야꾸 예약	
朝食 쵸-쇼꾸 아침식사		ホテル 호테루 호텔	
シングルルーム 싱구루루-무 싱글룸		旅館 료깐 여관	
ダブルルーム 다부루루-무 더블룸		チェックイン 쳌쿠인 체크인	
ツインルーム 츠인루-무 트윈룸		チェックアウト 쳌쿠아우토 체크아웃	

요야꾸오 시떼 아리마스
よやくを して あります。

아이따 헤야와 아리마스 까
あいた へやは ありますか。

미하라시가 이이헤야데 오네가이시마스
みはらしが いい へやで おねがいします。

히또바ㄴ 이꾸라데스 까
ひとばん いくらですか。

쵸-쇼꾸 쯔끼데스 까
ちょうしょく つきですか。

파스포-토오 오미세 쿠다사이
パスポートを お見せ ください。

코꼬니 고끼뉴- 쿠다사이
ここに ごきにゅう ください。

감사합니다. 504호실입니다.

체크아웃은 몇 시예요?

키는 여기 있습니다.

짐을 들어 주시겠어요?

• 프런트에서

영어 하세요?

귀중품을 맡기고 싶은데요.

옷을 찾고 싶은데요.

레스토랑은 몇 층이에요?

아리가또- 고자이마스 고제로용 고-시쯔데스
ありがとう ございます。504 ごうしつです。

체ㄱ쿠 아우토와 나ㄴ지데스 까
チェック アウトは なんじですか。

카기와 코치라데스
かぎは こちらです。

니모쯔오 하꼬ㄴ데 모라에마스 까
にもつを はこんで もらえますか。

英語 에-고 영어	電話 뎅와 전화
韓国語 캉꼬꾸고 한국어	何階 낭가이 몇 층
日本語 니홍고 일본어	貴重品 키쵸-힌 귀중품
インターネット 인타-네ㄷ토 인터넷	両替 료-가에 환전

에-고가 데끼마스 까
えいごが できますか。

키쵸-히ㅇㅇ오 아즈께타이ㄴ데스가
きちょうひんを あずけたいんですが。

후꾸오 카에시떼 이따다끼따이ㄴ데스가
ふくを かえして いただきたいんですが。

레스토라ㅇ와 나ㅇ가이데스 까
レストランは なんがいですか。

인터넷을 이용할 수 있어요?

한국에 전화하고 싶은데요.

이것을 항공우편으로 보내고 싶어요.

환전 가능해요?

내일 아침까지 되나요?

근처에 한국음식점이 있나요?

제 앞으로 메시지가 있나요?

객실에서

여보세요, 315호실입니다.

이ㄴ타ー네ㄷ토 사ー비스와 아리마스까
インターネット サービスは ありますか。

카ㅇ꼬꾸에 데ㅇ와오 카께따이ㄴ데스가
かんこくへ でんわを かけたいんですが。

코레오 에아메ー루데 오꾸리따이ㄴ데스가
これを エアメールで おくりたいんですが。

료ー가에오 오네가이 데끼마스까
りょうがえを おねがい できますか。

아시따노 아사마데니 데끼마스까
あしたの あさまでに できますか。

치까꾸니 카ㅇ꼬꾸료ー리떼ㅇ가 아리마스까
ちかくに かんこくりょうりてんが ありますか。

와따시아떼니 메ㅅ세ー지가 토도이떼 이마세ㅇ까
わたしあてに メッセージが とどいて いませんか。

숙
박

객실에서

シート 시ー토 시트	まくら 마꾸라 베개
タオル 타오루 수건	布団 후통 이불
毛布 모ー후 담요	靴 쿠쯔 구두
クリーニング 쿠리ー닝구 세탁	コーヒー 코ー히ー 커피

모시모시 상이치고 고ー시쯔데스
もしもし、315 ごうしつです。

룸 서비스 부탁해요.

구두를 닦고 싶어요.

세탁 좀 부탁해요.

(노크소리) 누구세요?

룸 서비스가 아직 안 왔어요.

샌드위치와 커피 부탁해요.

테이블 위에 놓아주세요.

얼음 좀 주세요.

모닝콜 해주세요.

루-무 사-비스오 오네가이시마스
ルーム サービスを おねがいします。

쿠쯔오 미가끼따이데스
くつを みがきたいです。

쿠리-니ㅇ구오 오네가이시마스
クリーニングを おねがいします。

도나따데스까
どなたですか。

루-무 사-비스가 마다 키떼이마세ㄴ
ルーム サービスが まだ 来ていません。

사ㄴ도이ㅅ치또 코-히- 오네가이시마스
サンドイッチと コーヒー おねがいします。

테-부루노 우에니 오이떼 쿠다사이
テーブルの うえに おいて ください。

코오리가 호시이ㄴ데스가
こおりが ほしいんですが。

모-니ㅇ구코-루오 오네가이시마스
モーニングコールを おねがいします。

아침 8시에 식사를 부탁해요.

문제가 생겼을 때

저기요, 죄송한데요.

무슨 일이시죠?

방에 키를 두고 나왔어요.

불이 안 들어와요.

화장실이 고장났어요.

뜨거운 물이 안 나와요.

에어컨이 안 들어와요.

아사 하치지니 쵸-쇼꾸오 오네가이시마스
あさ 8時に ちょうしょくを おねがいします。

電灯 덴또- 전등	クーラ 쿠-라 에어컨
鍵 카기 키	トイレ 토이레 화장실
ドライヤー 도라이야- 드라이기	便器 벵끼 변기
ひげそり 히게소리 면도기	テレビ 테레비 텔레비전

아노- 스미마세ㅇ가
あのう、すみませんが。

나니까 고요-데스까
なにか ごようですか。

헤야니 카기오 와스레마시따
へやに かぎを わすれました。

아까리가 쯔끼마세ㄴ
あかりが つきません。

토이레가 코와레떼 이마스
トイレが こわれて います。

오유가 데마세ㄴ
おゆが でません。

쿠-라가 코와레떼 이마스
クーラが こわれて います。

빨리 해주세요.

방을 바꿔주세요.

의사를 불러주세요.

시트를 갈아주세요.

체크아웃

체크아웃 부탁해요.

짐을 내려다 주세요.

카드로 계산할게요.

이 카드 사용 가능해요?

하야꾸 시떼 쿠다사이
はやく して ください。

헤야오 카에떼 쿠다사이
へやを かえて ください。

이샤오 요ㄴ데 쿠다사이
いしゃを 呼んで ください。

시-토오 카에떼 모라에마스까
シートを かえて もらえますか。

荷物 니모쯔 짐		一泊 입빠꾸 1박	
レシート 레시-토 영수증		二泊 니하꾸 2박	
タクシー 타쿠시- 택시		預かる 아즈까루 맡다	
忘れる 와스레루 잊다		運ぶ 하꼬부 옮기다	

체ㄱ쿠 아우토오 오네가이시마스
チェック アウトを おねがいします。

니모쯔오 하꼬ㄴ데 쿠다사이
にもつを はこんで ください。

카-도데 오네가이시마스
カードで おねがいします。

코노 카-도 쯔까에마스까
この カード つかえますか。

이건 무슨 요금이에요?

계산이 잘못된 것 같은데요.

영수증 주세요.

택시 좀 불러주세요.

방에 두고 온 물건이 있는데요.

하루 더 연장하고 싶어요.

5시까지 짐을 좀 맡아주세요.

코노 세-뀨-와 나ㄴ데스까
この せいきゅうは なんですか。

케-사ㅇ가 마찌가ㄷ떼 이마세ㅇ까
けいさんが まちがって いませんか。

레시-토오 오네가이시마스
レシートを おねがいします。

타쿠시-오 요ㄴ데 쿠다사이
タクシーを 呼んで ください。

헤야니 와스레모노오 시따ㄴ데스가
へやに わすれものを したんですが。

모- 이ㅂ빠꾸 에ㄴ쵸- 시따이ㄴ데스
もう いっぱく えんちょう したいんです。

고지마데 니모쯔오 아즈까ㄷ떼 쿠다사이
5時まで にもつを あずかって ください。

정보입수

배가 고파요.

일본요리를 먹고 싶어요.

조용한 음식점이 좋겠네요.

좋은 음식점을 소개해 주세요.

예약할 수 있어요?

약도를 그려 주시겠어요?

여기서 걸어갈 수 있어요?

洋食	요-쇼꾸	양식	ご飯	고한	밥
中華料理	츄-까료-리	중식	パン	판	빵
和食	와쇼꾸	일식	鶏肉	토리니꾸	닭고기
韓国料理	캉꼬꾸료-리	한식	魚	사까나	생선
デザート	데자-토	후식	丼	돔부리	덮밥

오나까가 스이떼 이마스
おなかが すいて います。

와쇼꾸가 타베따이데스
わしょくが 食べたいです。

시즈까나 후ㅇ이끼노 료-리떼ㅇ가 이이데스
しずかな ふんいきの りょうりてんが いいです。

이이 료-리테ㅇ오 쇼-까이시떼 쿠다사이
いい りょうりてんを しょうかいして ください。

요야꾸 데끼마스까
よやく できますか。

랴꾸즈오 카이떼 모라에마스까
りゃくずを 書いて もらえますか。

코꼬까라 아루이떼 이끼마스까
ここから あるいて 行けますか。

이곳 특유의 요리를 먹고 싶어요.

싸고 맛있는 가게를 알려주세요.

몇 시까지 영업해요?

맛있는 초밥집 있어요?

음식점에서

7시에 예약했어요.

지금 자리가 없습니다.

몇 분이십니까?

이쪽으로 오십시오.

코꼬노 지모또노 료-리오 타베따이ㄴ데스가
ここの じもとの りょうりを 食べたいんですが。

야스꾸떼 오이시이 미세오 오시에떼 쿠다사이
やすくて おいしい みせを おしえて ください。

나ㄴ지마데 에-교-시떼 이마스까
なんじまで えいぎょうして いますか。

오스시노 오이시이 미세와 아리마스까
お寿司の おいしい みせは あります。

予約 요야꾸 예약	スプーン 스푸-ㄴ 숟가락
名前 나마에 이름	箸 하시 젓가락
メニュー 메뉴- 메뉴	おしぼり 오시보리 물수건
注文 츄-모ㄴ 주문	皿 사라 접시

시치 지니 요야꾸오 이레떼 아루ㄴ데스가
7時に よやくを 入れて あるんですが。

아이니꾸 타다이마 마ㄴ세끼데스
あいにく、ただいま まんせきです。

나ㅁ메- 사마데스까
なんめい さまですか。

코치라에 도-조
こちらへ どうぞ。

메뉴 좀 보여주세요.

주문은 뭘로 하시겠습니까?

잠깐만 기다려 주세요.

저기요, 주문 좀 받아주세요.

저거랑 같은 걸로 주세요.

오늘의 요리는 뭐예요?

이건 주문한 요리가 아니에요.

• 식사중에

잘 먹겠습니다.

메뉴-오 미세떼 쿠다사이
メニューを 見せて ください。

츄-모ㅇ와 나니니 나사이마스까
ちゅうもんは なにに なさいますか。

쵸ㄷ또 마ㄷ떼 쿠다사이
ちょっと 待って ください。

아노- 츄-모ㅇ오 오네가이시마스
あのう、ちゅうもんを おねがいします。

아레또 오나지 모노오 쿠다사이
あれと おなじ ものを ください。

쿄-노 히가와리 료-리와 나ㄴ데스까
きょうの 日替わり りょうりは なんですか。

코레와 츄-모ㄴ시따 모노데와 아리마세ㄴ
これは ちゅうもんした ものでは ありません。

おいしい 오이시이 맛있다		食べる 타베루 먹다	
まずい 마즈이 맛없다		飲む 노무 마시다	
うすい 우스이 싱겁다		食事 쇼꾸지 식사	
しょっぱい 숍빠이 짜다		飲み物 노미모노 음료	

이따다끼마스
いただきます。

요리가 아직 안 나왔어요.

금방 나와요?

이건 어떻게 먹어요?

이 요리는 재료가 뭐예요?

물 좀 주세요.

냉수를 부탁해요.

이거 맛있겠다. 맛있어요.

잘 먹었습니다.

남은 건 포장해 주세요.

료-리가 마다 키떼이마셍
りょうりが まだ きていません。

스구 데끼마스까
すぐ できますか。

코레와 도-야ㄷ떼 타베루ㄴ데스까
これは どうやって 食べるんですか。

코노 료-리노 자이료-와 나ㄴ데스까
この りょうりの ざいりょうは なんですか。

오미즈오 쿠다사이
おみずを ください。

오히야 오네가이시마스
おひや おねがいします。

코레 오이시소-   오이시-
これ、おいしそう。おいしい。

고치소- 사마데시따
ごちそう さまでした。

노꼬ㄷ따 모노와 모치까에리 오네가이시마스
のこった ものは もちかえり おねがいします。

맥주 한 병 주세요.

안주는 어떤 게 있어요?

한 잔 더 주세요.

얼음하고 물 주세요.

재떨이 갈아주세요.

뜨거운 커피 주세요.

차게 해 주세요.

生ビール 나마비-루 생맥주	つまみ 쯔마미 안주
焼酎 쇼-츄- 소주	水 미즈 물
ワイン 와인 와인	灰皿 하이자라 재떨이
ウイスキー 우이-스키 위스키	もう一杯 모-입빠이 한 잔 더
日本酒 니혼슈 정종	乾杯 캄빠이 건배

비-루 이ㅂ뽀ㄴ 쿠다사이
ビール いっぽん ください。

오쯔마미와 나니가 아리마스까
おつまみは なにが ありますか。

모- 이ㅂ빠이 쿠다사이
もう いっぱい ください。

코-리또 미즈오 쿠다사이
こおりと みずを ください。

하이자라오 카에떼 쿠다사이
はいざらを 替えて ください。

牛乳 규-뉴 우유	
ジュース 쥬-스 주스	コーヒー 코-히- 커피
紅茶 코-챠 홍차	アイスコーヒー 아이스코-히- 냉커피
コーラ 코-라 콜라	ホットチョコレート 호ㄷ토쵸코레-토 핫쵸코

호ㄷ토 코-히- 오네가이시마스
ホット コーヒー おねがいします。

쯔메따꾸 시떼 쿠다사이
つめたく して ください。

일본전통차는어떤게있어요?

가져갈 수 있어요?

리필 되나요?

계산

계산해 주세요.

전부 얼마예요?

따로따로 내고 싶은데요.

제가 낼게요.

거스름돈이 틀려요.

니호ㄴ노 데ㄴ토-떼끼나 오챠와 나니가 아리마스까

にほんの でんとうてきな おちゃは なにが ありますか。

모치까에리가 데끼마스까

持ちかえりが できますか。

오까와리 데끼마스까

お代わり できますか。

払う 하라우 지불하다			
割り勘 와리깐 더치페이		帰る 카에루 돌아가다	
おごる 오고루 쏘다		二次会 니지까이 2차	
いくら 이꾸라 얼마		おつり 오쯔리 거스름돈	

오까ㄴ죠- 오네가이시마스

おかんじょう おねがいします。

제ㄴ부데 이꾸라데스까

ぜんぶで いくらですか。

베쯔베쯔니 하라이따이ㄴ데스가

べつべつに はらいたいんですが。

와따시가 하라이마스

わたしが はらいます。

오쯔리가 마치가ㄷ떼 이마스

お釣りが まちがって います。

길을 물을 때

실례합니다.

길을 좀 가르쳐 주세요.

~에 가려고 해요.

지하철역이 어디예요?

~는 어느 쪽이에요?

이 근처에 ~가 있어요?

이 지도에서 여기가 어디쯤이에요?

電車 덴샤 전철	
駅 에끼 역	電車で 덴샤데 전철로
どこ 도꼬 어디	タクシーで 타꾸시데 택시로
地図 치즈 지도	近い 치까이 가깝다
歩いて 아루이떼 걸어서	遠い 토오이 멀다

스미마세ㄴ
すみません。

미치오 오시에떼 쿠다사이
みちを おしえて ください。

~니 이끼따이ㄴ 데스가
~に 行きたいんですが。

치까떼쯔노 에끼와 도꼬데스까
ちかてつの えきは どこですか。

~와 도ㄷ치데스까
~は どっちですか。

코노헤ㄴ니 ~가 아리마스까
この へんに ~が ありますか。

코노 치즈데 코꼬와 도꼬데스까
この 地図で ここは どこですか。

동물원까지 어떻게 가나요?

시간이 얼마나 걸려요?

걸어갈 수 있어요?

오른쪽으로 돌아서 곧장 가세요.

• 지하철

표 사는 곳이 어디예요?

저쪽 자동판매기에서 사면 돼요.

지하철 노선도 있어요?

이거 타면 ~에 가나요?

도−부쯔에ㅁ마데 도−야ㄷ떼 이끼마스까
どうぶつえんまで どうやって 行きますか。

지까ㅇ와 도노구라이 카까리마스까
じかんは どのぐらい かかりますか。

아루이떼 이께마스까
あるいて いけますか。

미기니 마가ㄷ떼 마ㅅ스구 이ㄷ떼 쿠다사이
みぎに まがって まっすぐ 行って ください。

切符 킴뿌 표	終電 슈−뎅 막차			
前 마에 전	ここ 코꼬 여기		そこ 소꼬 거기	
次 쯔기 다음	あそこ 아소꼬 저기		どこ 도꼬 어디	

이
동

지하철

키ㅂ뿌노 우리바와 도꼬데스까
きっぷの 売り場は どこですか。

아소꼬노 지도−하ㅁ바이끼데 카ㄷ떼 쿠다사이
あそこの じどうはんばいきで 買って ください。

치까떼쯔노 로세ㄴ즈 아리마스까
ちかてつの ろせんず ありますか。

코레니 노레바 ∼에 이끼마스까
これに 乗れば ∼へ 行きますか。

~선은 어디서 갈아타요?

다음 역이 ~인가요?

두 장 주세요.

국립박물관은 어디로 나가요?

신주쿠역까지 얼마예요?

막차가 언제예요?

보관함은 어디 있어요?

• 버스

~행 버스는 어디서 타요?

~세ㅇ와 도꼬데 노리까에루ㄴ데스까
~せんは どこで 乗り換えるんですか。

쯔기노 에끼가 ~데스까
つぎの えきが ~ですか。

니마이 쿠다사이
にまい ください。

코꾸리쯔하꾸부쯔까ㄴ니 이꾸 데구치와 도꼬데스까
こくりつはくぶつかんに 行く でぐちは どこですか。

시ㄴ쥬꾸 에끼마데 이꾸라데스까
しんじゅくえきまで いくらですか。

슈-데ㅇ와 나ㄴ지데스까
しゅうでんは なんじですか。

코이ㄴ로ㄱ카-와 도꼬니 아리마스까
コインロッカーは どこに ありますか。

이
동

버
스

バス停 바스떼- 버스정류장	
座席 자세끼 좌석	乗る 노루 타다
運転手 운뗀슈 운전기사	降りる 오리루 내리다
乗客 죠-까꾸 승객	乗り換える 노리까에루 갈아타다

~유끼노 바스와 도꼬데 노리마스까
~行きの バスは どこで 乗りますか。

몇 번 버스 타면 돼요?

이 버스 타면 ~ 가요?

다음 버스는 언제 와요?

내려요!

고속버스 여행

고속버스터미널은 어디예요?

~행은 몇 시에 있어요?

다음 버스는 몇 시예요?

~행 어디서 타요?

나ㅁ바ㄴ노 바스니 노레바 이이데스까
なんばんの バスに 乗れば いいですか。

코노 바스 ~에 이끼마스까
この バス ~へ 行きますか。

쯔기노 바스와 이쯔 키마스까
つぎの バスは いつ 来ますか。

오리마스
降ります！

バス 바스 버스	つぎ 쯔기 다음
~行き 유끼 ~행	乗り 노리 타다
なんじ 나ㄴ지 몇시	ターミナル 타-미나루 터미널

코-소꾸바스노 타-미나루와 도꼬데스까
こうそくバスの ターミナルは どこですか。

~유끼와 나ㄴ지데스까
~行きは なんじですか。

쯔기노 바스와 나ㄴ지데스까
つぎの バスは なんじですか。

~유끼와 도꼬데 노리마스까
~行きは どこで 乗りますか。

1번 승차장이 어디예요?

택시

어디로 가세요?

이 주소로 가주세요.

~ 호텔까지 부탁해요.

트렁크에 짐을 실어도 되나요?

공항까지 얼마나 나와요?

시내를 한 바퀴 돌아주세요.

여기 세워주세요.

이치바ㄴ 노리바와 도꼬데스까

いちばん 乗り場は どこです。

行く 이꾸 가다	
来る 쿠루 오다	トランク 토랑쿠 트렁크
止める 토메루 세우다	空港 쿠ー꼬ー 공항
待つ 마쯔 기다리다	急ぐ 이소구 서두르다

도꼬마데 이까레마스까

どこまで 行かれますか。

코노 쥬ー쇼에 이ㄷ떼 쿠다사이

この じゅうしょへ 行って ください。

~호테루마데 오네가이시마스

~ホテルまで おねがいします。

이
동

택
시

토라ㅇ쿠니 니모쯔오 이레떼 이이데스까

トランクに にもつを 入れて いいですか。

쿠ー꼬ー마데 이꾸라데스까

くうこうまで いくらですか。

마치노 나까오 히또또오리 마와ㄷ떼 쿠다사이

まちの なかを ひととおり まわって ください。

코꼬데 토메떼 쿠다사이

ここで 停めて ください。

여기서 기다려 주세요.

1시간 후에 다시 와주세요.

서둘러 주세요.

(돈을 내면서) 여기 있어요.

 교통 관련 단어

택시	タクシー 타쿠시-	버스 정류장	バス停 바스떼-
지하철	地下鐵 치까떼쯔	버스 터미널	バスターミナル 바스타-미나루
기차	列車 렛샤	좌석	座席 자세끼
배	船 후네	짐	荷物 니모쯔
버스	バス 바스	창가자리	窓側の席 마도가와노세끼
리무진 버스	リムジンバス 리무진바스	노약자석	シルバーシート 시루바-시-토
고속버스	高速バス 코-소꾸바스	주유소	ガソリンスタンド 가소린스탄도
하토버스	はとバス 하또바스		

코꼬데 마ㄷ떼 이떼 쿠다사이
ここで 待って いて ください。

이치지까ㅇ고니 코꼬니 키떼 쿠레마스 까
いちじかんごに ここに 来て くれますか。

이소이데 쿠다사이
いそいで ください。

하이 도-조
はい、どうぞ。

이
동

택
시

시간표	時刻表 지꼬꾸효-		만차	滿車 만샤
프리패스	フリーパス 후리-파스		입구	入口 이리구치
			출구	出口 데구치
전화카드	テレホンカード 테레혼카-도		주차금지 구역	駐車禁止區域 츄-샤킨시꾸이끼
국제전화	國際電話 코꾸사이뎅와		장애인 전용	障害者專用 쇼-가이샤센요-
주차장	駐車場 츄-샤죠-		고객 전용	顧客專用 코꺄꾸센요-
무료	無料 무료-			
유료	有料 유-료-			
빈 차	空車 쿠-샤			

관광안내소에서

관광안내소는 어디 있어요?

시내지도 있어요?

안내책자 있어요?

가장 가볼 만한 곳은 어디인가요?

전철로 갈 수 있나요?

버스시간표 주세요.

여기서 예약할 수 있어요?

ツアー 츠아ー 투어		案内 안나이 안내	
ガイド 가이도 가이드		展望台 템보ー다이 전망대	
路線図 로센즈 노선도		体験ツアー 타이껜츠아ー 체험관광	
時刻表 지꼬꾸효ー 시간표		お祭り 오마쯔리 축제	

카ㅇ꼬ー 아ㄴ나이죠와 도꼬데스까
かんこう あんないじょは どこですか。

시나이치즈 아리마스까
しない地図 ありますか。

카ㅇ꼬ー아ㄴ나이노 파ㅇ후레ㄷ토 쿠다사이
かんこうあんないの パンフレット ください。

이치바ㄴ노 미도꼬로와 도꼬데스까
いちばんの みどころは どこですか。

데ㄴ샤데 이께마스까
でんしゃで 行けますか。

바스노 지꼬꾸효ー오 쿠다사이
バスの じこくひょうを ください。

코꼬데요야꾸 데끼마스까
ここで よやく できますか。

가부키를 보고 싶어요.

시내 투어버스 있어요?

이 투어 신청하고 싶은데요.

가이드를 고용할 수 있나요?

관광지에서

입장권은 어디서 사요?

어른두장, 어린이한장주세요.

학생할인은 안 되나요?

흡연구역이 어디예요?

카부끼오 미따이ㄴ데스가
歌舞伎を 見たいんですが。

카ㅇ꼬―바스가 아리마스까
かんこうバスが ありますか。

코노츠아―니 모―시꼬미따이ㄴ데스가
この ツアーに もうし腐みたいんですが。

가이도오 야또우코또가 데끼마스까
ガイドを やとう ことが できますか。

入場 뉴―죠― 입장		禁煙 킹엔 금연
おとな 오또나 어른		喫煙所 키쯔엔죠 흡연구역
こども 코도모 어린이		おみやげ 오미야게 기념품
学生 각세이 학생		

뉴―죠―께ㄴ 우리바와 도꼬데스까
にゅうじょうけん 売り場は どこですか。

오또나니마이, 코도모 이치마이 쿠다사이
おとな にまい、こども いちまい ください。

가ㄱ세―와리비끼와 아리마세ㅇ까
がくせいわりびきは ありませんか。

키쯔에ㄴ죠와 도꼬데스까
きつえんじょは どこですか。

기념품은 어디서 팔아요?

사진찍기

사진 좀 찍어 주시겠어요?

여길 누르면 돼요.

함께 사진을 찍어도 될까요?

필름은 어디에서 팔아요?

근처에 사진관이 있나요?

박물관 · 미술관

입장료가 얼마예요?

오미야게와 도꼬데 우ㄷ떼 이마스까
おみやげは どこで 売って いますか。

撮影禁止 샤쯔에–킨시 촬영금지
バッテリー 밭테리– 건전지
写真を撮る 샤싱오토루 사진을 찍다

샤시ㅇ오 토ㄷ떼 쿠다사이마세ㅇ까
しゃしんを 撮って くださいませんか。

코꼬오 오스 다께데스
ここを 押す だけです。

이ㅅ쇼니 토리마세ㅇ까
いっしょに 撮りませんか。

휘루무 우리바와 도꼬데스 까
フィルム 売り場は どこですか。

치까꾸니 샤시ㅇ야가 아리마스 까
ちかくに しゃしんやが ありますか。

入場料 뉴–죠–료– 입장료   博物館 하꾸부쯔깐 박물관
入口 이리구치 입구   美術館 비쥬쯔깐 미술관
出口 데구치 출구   映画館 에–가깐 영화관

뉴–죠–료–와 이꾸라데스 까
にゅうじょうりょうは いくらですか。

사
진
찍
기
/
박
물
관
·
미
술
관

입구는 어디예요?

안에서 사진 찍어도 돼요?

괜찮아요.

사진촬영은 안 돼요.

그림엽서 있어요?

몇 시까지 해요?

안내 팸플릿 있어요?

조용히 해주세요.

손 대지 마세요.

이리구치와 도꼬데스까
いりぐちは どこですか。

나까데 샤시ㅇㅇ 토ㄷ떼모 이이데스까
なかで しゃしんを 撮っても いいですか。

다이죠-부데스요
だいじょうぶですよ。

샤시ㄴ 사쯔에-와 데끼마세ㄴ
しゃしんさつえいは できません。

에하가끼가 카이따이ㄴ데스가
えはがきが 買いたいんですが。

나ㄴ지마데 아이떼 이마스까
なんじまで 空いて いますか。

아ㄴ나이 파ㅇ후레도 토 아리마스까
あんない パンフレット ありますか。

시즈까니 시떼 쿠다사이
しずかに して ください。

사와라나이데 쿠다사이
さわらないで ください。

짐을 맡기고 싶은데요.

관람

지금 표를 살 수 있어요?

앞자리로 부탁해요.

좌석이 매진되었습니다.

팜플렛 있어요?

이 자리 비어 있어요?

니모쯔오 아즈께따이ㄴ 데스가
にもつを あずけたいんですが。

試合 시아이 경기		切符 킵뿌 표	
スタジアム 스타지아무 경기장		チケット 치케ㄷ또 티켓	
コンサート 콘사ー토 콘서트		売り切れ 우리끼레 매진	
劇場 게끼죠ー 극장		座席 자세끼 좌석	

이마 키ㅂ뿌오 카에마스까
いま、きっぷを 買(か)えますか。

마에노 호ー오 오네가이시마스
まえの ほうを おねがいします。

자세끼가 우리끼레마시따
ざせきが 売(う)り切(き)れました。

파ㅇ후레ㄷ토 아리마스까
パンフレット ありますか。

코노 세끼아이떼 이마스까
この せき 空(あ)いて いますか。

• 환전

환전소 어디예요?

엔으로 환전해 주세요.

잔돈으로 바꿔주세요.

오늘 환율이 얼마인가요?

이것을 현금으로 바꿔주세요.

• 가게에서

어서오세요.

為替レート 카와세레ー토 환율		現金 겡낀 현금	
小銭 코제니 잔돈		小切手 코깉떼 수표	
トラベラーズチェック 토라베라ー즈첵쿠 여행자수표			

료ー가에죠와 도꼬데스까

りょうがえじょは どこですか。

코레오 에ㄴ니 료ー가에시떼 쿠다사이

これを えんに りょうがえして ください。

코제니니 쿠즈시떼 쿠다사이

こぜにに くずして ください。

쿄ー노 카와세레ー토와 이꾸라데스까

きょうの かわせレートは いくらですか。

코레오 게ㅇ끼ㄴ니 시떼 쿠다사이

これを げんきんに して ください。

これ 코레 이거		どれ 도레 어느 것			
あれ 아레 저거		値段 네단 값		高い 타까이 비싸다	
それ 소레 그거		買う 카우 사다		安い 야스이 싸다	

이라ㅅ샤이마세

いらっしゃいませ。

찾으시는 게 있으세요?

그냥 구경 좀 하려고요.

저거 보여주세요.

만져봐도 돼요?

이거 얼마예요?

전부 얼마예요?

비싸네요.

좀 더 싼 거 없어요?

이거 주세요.

나니까 오사가시데스까
なにか おさがしですか。

미떼 이루 다께데스
見て いる だけです。

아레오 미세떼 쿠다사이
あれを 見せて ください。

사와ㄷ떼 미떼모 이이데스까
さわって みても いいですか。

코레와 이꾸라데스까
これは いくらですか。

젬부데 이꾸라데스까
ぜんぶで いくらですか。

타까이데스네
たかいですね。

모ー스꼬시 야스이 모노와아리마세ㅇ까
もうすこし やすい ものは ありませんか。

코레오 쿠다사이
これを ください。

이 지역의 특산품은 뭐예요?

이 책을 찾고 있어요.

선물을 사고 싶은데요.

포장해 주실 수 있어요?

가격표는 떼 주세요.

따로따로 포장해 주세요.

한국으로 부쳐주세요.

옷 사기

입어봐도 돼요?

코꼬노 도사ㅁ부쯔와 나ㄴ데스까
ここの どさんぶつは なんですか。

코노 호ㅇ오 사가시떼이마스
この ほんを さがして います。

오미야게오 카이따이ㄴ데스가
おみやげを 買(か)いたいんですが。

쯔쯔ㄴ데 모라에마스까
つつんで もらえますか。

네후다오 토ㄷ떼 쿠다사이
ねふだを とって ください。

베쯔베쯔니 쯔쯔ㄴ데 쿠다사이
べつべつに つつんで ください。

카ㅇ꼬꾸니 오꾸ㄷ떼 쿠다사이
かんこくに おくって ください。

シャツ 샤츠 셔츠	大きい 오오끼이 큰	スカート 스카―토 치마
小さい 치이사이 작은	セーター 세―타― 스웨터	長い 나가이 긴
パンツ 판츠 바지	短い 미지까이 짧은	下着 시따기 속옷

시챠꾸시떼모 이이데스까
しちゃくしても いいですか。

탈의실 어디예요?

이거 옷감이 뭐예요?

어떠세요?

딱 맞아요.

너무 커요.

잘 어울려요.

허리가 꽉 껴요.

L 사이즈 주세요.

다른 색깔도 있어요?

시챠꾸시쯔와 도꼬데스까
しちゃくしつは どこですか。

코레 키지와 난데스까
これ、生地は なんですか。

이까가데스까
いかがですか。

피ㄷ따리데스
ぴったりです。

오-끼스기마스
おおきすぎます。

오니아이데스
おにあいです。

웨-스토노 아따리가 키쯔스기마스
ウェストの あたりが きつすぎます。

에루 사이즈오 쿠다사이
L サイズを ください。

호까노 이로모 아리마스까
ほかの いろも ありますか。

심플한 디자인이 좋아요.

구두 사기

신어봐도 돼요?

저 구두 얼마예요?

245 사이즈 있나요?

약간 크네요.

한 치수 큰 걸로 주세요.

값을 깎을 때

조금 비싸네요.

시ㅁ푸루나 데자이ㅇ가 이이데스

シンプルな デザインが いいです。

靴 쿠쯔 구두	寸法 슴뽀– 치수
ブーツ 부–츠 부츠	ダブダブ 다부다부 헐렁헐렁
ハイヒル 하이히–루 하이힐	履く 하꾸 신다
サンダル 산다루 샌들	

하이떼 미떼모 이이데스까

はいて みても いいですか。

소노 쿠쯔와 이꾸라데스까

その くつは いくらですか。

니쥬–욘뗑고 사이즈와 아리마스까

24.5 サイズは ありますか。

쵸ㄷ또 오–끼이데스

ちょっと おおきいです。

히또마와리 오–끼이 모노오 쿠다사이

ひとまわり おおきい ものを ください。

負けて 마께떼 깎아서	げんきん 게ㅇ끼ㅇ 현금
欲しい 호시이 갖고 싶다	少し 스꼬시 조금
予算 요산 예산	もう少し 모–스꼬시 좀 더

스꼬시 타까이데스네

すこし たかいですね。

깎아 주세요.

좀 더 싸게 해주세요.

정말갖고싶은데예산초과예요.

현금이 5천 엔밖에 없어요.

계산하기

계산은 어디서 해요?

현금으로 낼게요.

이 쿠폰 쓸 수 있어요?

이 카드 돼요?

마께떼 쿠다사이
負けて ください。

모- 스꼬시 야스꾸 시떼 쿠다사이
もう すこし やすく して ください。

호시이께도 요사ㄴ 오-바-나ㄴ데스요
欲しいけど、よさん オ—バ—なんですよ。

고세ㅇ에ㄴ시까 게ㅇ끼ㅇ가 나이ㄴ데스
5せんえんしか げんきんが ないんです。

レシード 레시도 영수증	はらいます 하라이마스 지불합니다.
支払い 시하라이 계산	クーポン 쿠-폰 쿠폰
現金 겡낀 현금	クレジットカード 쿠레짇토카-도 신용카드

시하라이와 도꼬데 시마스까
しはらいは どこで しますか。

게ㅇ끼ㄴ데 하라이마스
げんきんで はらいます。

코노 쿠-포ㄴ 쯔카에마스까
この クーポン つかえますか。

코노 쿠레지ㄷ토카-도 쯔카에마스까
この クレジットカード つかえますか。

다시 한 번 확인해 주세요.

교환과 환불

이거 반품하고 싶은데요.

환불해 주시겠어요?

다른 걸로 바꾸고 싶어요.

사이즈가 안 맞아요.

이거 고장났어요.

모ー이치도 카꾸니ㄴ시떼 쿠다사이

もういちど かくにんして ください。

返品 헴삔 반품	故障 코쇼ー 고장	
返金 헹끼 환불	直す 나오스 고치다	
交換 코ー깐 교환	サイズ 사이즈 사이즈	

코레오 헤ㅁ삐ㄴ 시타이ㄴ 데스가

これを へんぴんしたいんですが。

헤ㅇ끼ㄴ시떼 이따다께마스까

へんきんして いただけますか。

베쯔노 모노또 코ー까ㄴ 시타이ㄴ 데스가

べつの ものと こうかんしたいんですが。

사이즈가 아이마세ㄴ

サイズが 合いません。

코레 코와레떼 이마스

これ、こわれて います。

교환과 환불

말 걸기

누군가 기다리고 계세요?

경치가 참 좋군요.

날씨가 덥네요.

어디서 오셨어요?

그거 참 좋군요.

친구가 되고 싶어요.

연락처를 알려주세요.

友だち 토모다치 친구	趣味 슈미 취미
彼氏 카레시 남자친구	旅行 료꼬~ 여행
彼女 카노죠 여자친구	食事 쇼꾸지 식사

다레까 마ㄷ떼루ㄴ데스까
だれか 待ってるんですか。

스떼끼데스네
すてきですね。

아쯔이데스네
あついですね。

도꼬까라 키따ㄴ데스까
どこから 来たんですか。

소레 이이데스네
それ、いいですね。

토모다치니 나리따이데스
ともだちに なりたいです。

레ㄴ라꾸사끼오 오시에떼 쿠다사이
れんらくさきを おしえて ください。

연락해도 될까요?

옆에 앉아도 돼요?

사진을 보내드릴 테니,
주소 좀 가르쳐주세요.

제 명함이에요.

같이 식사라도 하러 가요.

여행을 좋아하세요?

다음 목적지는 어디예요?

한잔 하러 가실래요?

마따 레ㄴ라꾸시떼모 이이데스까
また れんらくしても いいですか。

토나리니 스와ㄷ떼모 이이데스까
となりに すわっても いいですか。

샤시ㅇ오 오꾸리마스노데
しゃしんを おくりますので、

쥬−쇼오 오시에떼 쿠다사이
じゅうしょを おしえて ください。

와따시노 메−시데스
わたしの めいしです。

쇼꾸지데모 이ㅅ쇼니 시마세ㅇ까
しょくじでも いっしょに しませんか。

료코−와 스끼데스까
りょこうは 好きですか。

쯔기노 모꾸떼끼치와 도꼬데스까
つぎの もくてきちは どこですか。

노미니 이끼마쇼−
飲みに 行きましょう。

함께 춤추실래요?

칭찬하기

참 친절하시네요.

피부가 깨끗하시네요.

눈이 참 예뻐요.

참 잘 어울려요.

보는 눈이 있으시군요.

정말 잘 하시네요.

스타일이 좋네요.

이ㅅ쇼니 오도리마세ㅇ까
いっしょに おどりませんか。

優しい 야사시이 친절하다	気持ちいい 기모치이이 기분좋다
楽しい 타노시이 즐겁다	惚れる 호레루 반하다
幸せ 시아와세 행복	一目惚れ 히또메보레 첫눈에 반하다

토떼모 야사시이데스네
とても やさしいですね。

하다가 키레이데스네
はだが きれいですね。

메가 키레이데스네
目が きれいですね。

요꾸 니아이마스네
よく 似合いますね。

미루 메가 아리마스네
見る 目が ありますね。

토떼모 죠ー즈데스네
とても じょうずですね。

스타이루가 이이데스네
スタイルが いいですね。

정말 재미있었어요.

즐거웠어요.

대단해요!

당신과 만나서 행복해요.

메일주소 주고받기

괜찮으시다면,
메일주소 좀 가르쳐주시겠어요?

제 메일 주소는 ~예요.

좀 적어주시겠어요?

호 ㄴ 또ー니 오모시로까ㄷ따
ほんとうに おもしろかった。

타노시까ㄷ따
たのしかった。

스고이
すごい!

아나따니 아에떼 시아와세데스
あなたに 会えて しあわせです。

わたし 와따시 나	書いて 카이떼 적어서
メルとも 메루또모 메일친구	@ 아ㄷ또 골뱅이
メールアドレス 메ー루아도레스 메일주소	. 도ㄷ또 점

요까ㄷ따라
よかったら、

메ー루아도레스오 오시에떼 쿠레마스까
メールアドレスを おしえて くれますか。

와따시노 메ー루아도레스와 〜데스
わたしの メールアドレスは 〜です。

카이떼 쿠레마스까
書いて くれますか。

그럼요.

• 거절하기

사양하겠습니다.

선약이 있어요.

그다지 내키지 않네요.

그만두세요.

남자친구/여자친구가 있어요.

모치로ㄴ데스
もちろんです。

せんやく 세ㅇ야꾸 선약	やめて 야메떼 그만두어
断る 코또와루 거절하다	嫌だ 이야다 싫다
遠慮 엔료 사양함	困る 코마루 곤란하다

에ㄴ료 사세떼 이따다끼마스
えんりょ させて いただきます。

세ㅇ야꾸가 아리마스
せんやくが あります。

키가 스스미마세ㄴ
気が すすみません。

야메떼 쿠다사이
やめて ください。

카레시 카노죠가 이마스
かれし / かのじょが います。

사고 · 질병

제일 가까운 병원이 어디예요?

약국 어디예요?

구급약 있어요?

의사를 불러주세요.

병원에 데려가 주세요.

어떻게 해야 하죠?

비상구는 어디 있나요?

救急車	큐-뀨-샤 구급차	内科	나이까 내과
病院	뵤-인 병원	外科	게까 외과
医者	이샤 의사	小兒科	쇼-니까 소아과
薬局	약꾜꾸 약국	婦人科	후징까 산부인과

이치반 치까이 뵤-이ㅇ와 도꼬데스까

いちばん ちかい びょういんは どこですか。

야ㄱ꾜꾸와 도꼬데스까

やっきょくは どこですか。

뀨-뀨-바꼬와 아리마스까

きゅうきゅうばこは ありますか。

이샤오 요ㄴ데 쿠다사이

いしゃを 呼んで ください。

뵤-이ㄴ니 쯔레떼 이ㄷ떼 쿠다사이

びょういんに 連れて いって ください。

도-시따라 이이데스까

どうしたら いいですか。

히죠-구치와 도꼬데스까

ひじょうぐちは どこですか。

구급차를 불러주세요.

다친 사람이 있어요.

경찰을 불러주세요.

한국 대사관에 연락해 주세요.

약국

감기약 주세요.

손을 베었어요.

처방전을 보여주시겠어요?

하루에 세 번 드세요.

큐-뀨-샤오 요ㄴ데 쿠다사이
きゅうきゅうしゃを 呼んで ください。

케가오 시따히또가 이마스
怪我を したひとが います。

케-사쯔오 요ㄴ데 쿠다사이
けいさつを 呼んで ください。

카ㅇ꼬꾸 타이시까ㄴ니 레ㄴ라꾸시떼 쿠다사이
かんこく たいしかんに れんらくして ください。

消化劑	쇼-까자이 소화제	湿布	십뿌 파스	酔い止め	요이도메 멀미약
鎮痛劑	친쯔-자이 진통제	包帯	호-따이 붕대	解熱剤	게네쯔자이 해열제
消毒薬	쇼-도꾸야꾸 소독약	救急ばんそうこう	큐-뀨-반소-꼬- 일회용밴드		

카제구스리오 쿠다사이
かぜぐすりを ください。

테오 키리마시따
手を 切りました。

쇼호-세ㅇ가 아리마스까
しょほうせんが ありますか。

이치니치 상까이 오노미 쿠다사이
いちにち 3かい お飲み ください。

식후에 드세요.

도난·분실

경찰서 어디예요?

지갑을 소매치기 당했어요.

택시에 가방을 두고 내렸어요.

항공권을 잃어버렸어요.

여권을 잃어버렸어요.

분실물센터는 어디예요?

이게 일본 연락처예요.

쇼꾸고니 노ㄴ데 쿠다사이
しょくごに 飲んで ください。

さいふ 사이후 지갑	スリ 스리 소매치기
バック 바ㄱ쿠 가방	こうくうけん 코ㅡ꾸ㅡ께 항공권
パスポート 파스포ㅡ토 여권	れんらく 레ㄴ라꾸 연락

케ㅡ사쯔쇼와 도꼬데스까
けいさつしょは どこですか。

사이후오 스리니 토라레마시따
さいふを スリに 取られました。

타쿠시ㅡ니 바ㄱ쿠오 오끼와스레마시따
タクシーに バックを 置きわすれました。

코ㅡ꾸ㅡ께ㅇ가 미쯔까리마세ㄴ
こうくうけんが 見つかりません。

파스포ㅡ토오 나꾸시마시따
パスポートを なくしました。

이시쯔부쯔세ㄴ타ㅡ와 도꼬데스 까
いしつぶつセンターは どこですか。

코레가 니호ㄴ노 레ㄴ라꾸사끼데스
これが にほんの れんらくさきです。

찾으면 알려주세요.

가방에 뭐가 들어 있었나요?

어디서 잃어버렸는지 모르겠어요.

카드사용을 정지시켜 주세요.

다급할 때

살려주세요!

도와주세요!

도둑이야!

위험해요!

미쯔까ㄷ따라 시라세떼 쿠다사이
見_みつかったら 知_しらせて ください。

카바ㄴ노 나까니와 나니가 하이ㄷ떼 이마시따까
かばんの なかには なにが はいって いましたか。

도꼬데 나꾸시따까 와까리마세ㄴ
どこで なくしたか わかりません。

카ー도오 캬ㄴ세루시떼 쿠다사이
カードを キャンセルして ください。

| たすける 타스께루 살려주다 | あぶない 아부나이 위험하다 |
| すみません 스미마세ㄴ 미안 | どろぼう 도로보ー 도둑 |

타스께떼
たすけて！

스미마세ㄴ
すみません！

도로보ー
どろぼう！

아부나이
あぶない！

잡아라!

열이 있어요.

기침이 나와요.

콧물이 나와요.

어지러워요.

오한이 나요.

감기 들었어요.

천식이에요.

쯔 까마에 떼
つかまえて!

ねつ 네쯔 열	せき 세끼 기침
はなみず 하나미즈 콧물	めまい 메마이 현기증
さむけ 사무께 오한	風邪 카제 감기

네쯔가 아리마스
ねつが あります。

세끼가 데마스
せきが 出ます。

하나미즈가 데마스
はなみずが 出ます。

메마이가 시마스
めまいが します。

사무께가 시마스
さむけが します。

카제오 히이떼 이마스
風邪を ひいて います。

제ㄴ소꾸데스
ぜんそくです。

설사를 해요.

변비예요.

식중독이에요.

메스꺼워요.

배가 아파요.

이가 아파요.

생리통이에요.

골절했어요.

삐었어요.

게리오 시떼 이마스
下痢を して います。

베ㅁ삐시떼 이마스
べんぴして います。

쇼꾸쮸-도꾸데스
しょくちょうどくです。

하끼께가 시마스
はきけが します。

오나까가 이따이데스
おなかが いたいです。

하가 이따이데스
歯が いたいです。

세-리쯔-데스
生理痛です。

코ㅅ세쯔시떼 이마스
こっせつして います。

네ㄴ자시떼이마스
ねんざして います。

움직일 수가 없어요.

치질이에요.

당뇨병이에요.

몸이 가려워요.

혈압이 높아요.

혈압이 낮아요.

임신중이에요.

심장보조기를 달고 있어요.

우고 께 마 세 ㄴ
うごけません。

지 데 스
痔です。

토 ― 뇨 ― 가 아 리 마 스
とうにょうが あります。

카 라 다 가 카 유 이 데 스
からだが かゆいです。

코 ― 께 쯔 아 쯔 데 스
こうけつあつです。

테 ― 께 쯔 아 쯔 데 스
ていけつあつです。

니 ㄴ 시 ㄴ 시 떼 이 마 스
にんしんして います。

페 ― 스 메 ― 카 ― 오 쯔 께 떼 이 마 스
ペスメカを つけて います。

부록

1. 써먹는 단어

숫자

0	ゼロ・れい 제로·레–	16	じゅうろく 쥬– 로꾸
1	いち 이치	17	じゅうしち 쥬– 시치
2	に 니	18	じゅうはち 쥬– 하치
3	さん 사ㄴ	19	じゅうきゅう 쥬– 뀨–
4	し 시	20	にじゅう 니쥬–
5	ご 고	30	さんじゅう 사ㄴ쥬–
6	ろく 로꾸	40	よんじゅう 요ㄴ쥬–
7	しち 시치	50	ごじゅう 고쥬–
8	はち 하치	60	ろくじゅう 로꾸쥬–
9	きゅう 큐–	70	ななじゅう 나나쥬–
10	じゅう 쥬–	80	はちじゅう 하치쥬–
11	じゅういち 쥬– 이치	90	きゅうじゅう 큐– 쥬–
12	じゅうに 쥬– 니	100	ひゃく 하꾸
13	じゅうさん 쥬– 사ㄴ	200	にひゃく 니햐꾸
14	じゅうよん 쥬– 요ㄴ	300	さんびゃく 사ㅁ뱌꾸
15	じゅうご 쥬– 고	400	よんひゃく 요ㄴ햐꾸

500	ごひゃく 고햐꾸
600	ろっぴゃく 로ㅂ빠꾸
700	ななひゃく 나나햐꾸
800	はっぴゃく 하ㅂ빠꾸
900	きゅうひゃく 큐–햐꾸
1,000	いっせん 이ㅅ세ㄴ
10,000	いちまん 이치마ㄴ
100,000	じゅうまん 쥬–마ㄴ
1,000,000	ひゃくまん 햐꾸마ㄴ
얼마	いくら 이꾸라

하나	ひとつ 히또쯔
둘	ふたつ 후따쯔
셋	みっつ 미ㅅ쯔
넷	よっつ 요ㅅ쯔
다섯	いつつ 이쯔쯔
여섯	むっつ 무ㅅ쯔
일곱	ななつ 나나쯔
여덟	やっつ 야ㅅ쯔
아홉	ここのつ 코꼬노쯔
열	とお 토–
몇 개	いくつ 이꾸쯔

월

1월	1がつ 이치가쯔
2월	2がつ 니가쯔
3월	3がつ 상가쯔
4월	4がつ 시가쯔
5월	5がつ 고가쯔
6월	6がつ 로쿠가쯔

7월	7がつ 시치가쯔
8월	8がつ 하치가쯔
9월	9がつ 쿠가쯔
10월	10がつ 쥬–가쯔
11월	11がつ 쥬–이치가쯔
12월	12がつ 쥬–니가쯔

1일	ついたち 쯔이따치
2일	ふつか 후쯔까
3일	みっか 미ㄱ까
4일	よっか 요ㄱ까
5일	いつか 이쯔까
6일	むいか 무이까
7일	なのか 나노까
8일	ようか 요–까
9일	ここのか 코꼬노까
10일	とおか 토–까
11일	じゅういちにち 쥬–이치니찌
12일	じゅうににち 쥬–니니찌
13일	じゅうさんにち 쥬–사ㄴ니치
14일	じゅうよっか 쥬–요ㄱ까
15일	じゅうごにち 쥬–고니치
20일	はつか 하쯔까
24일	にじゅうよっか 니쥬–요ㄱ까

요일

일요일	にちようび 니찌요-비
월요일	げつようび 게쯔요-비
화요일	かようび 카요-비
수요일	すいようび 스이요-비
목요일	もくようび 모꾸요-비
금요일	きんようび 키ㅇ요-비
토요일	どようび 도요-비

시간

1시	1時 이치지	10시	10時 쥬-지
2시	2時 니지	11시	11時 쥬-이치지
3시	3時 산지	12시	12時 쥬-니지
4시	4時 요지	1시간	1時間 이치지깐
5시	5時 고지	5분	5分 고훈
6시	6時 로꾸지	10분	10分 줍뿐
7시	7時 시치지	20분	20分 니줍뿐
8시	8時 하치지	30분	30分 산줍뿐
9시	9時 쿠지	40분	40分 욘줍뿐

아침	朝 아사
낮	晝 히루
저녁	夕方 유-가따
밤	夜 요루
새벽	明け方 아께가따
오늘아침	今朝 케사
오늘밤	今夜 콩야
오전	午前 고젠
오후	午後 고고
그저께	おととい 오또또이
어제	昨日 키노-
오늘	今日 쿄-
내일	明日 아시따
모레	あさって 아삿떼
지난주	先週 센슈-
이번주	今週 콘슈-
다음주	来週 라이슈-
다다음주	再来週 사라이슈-
지난달	先月 셍게쯔
이번달	今月 콩게쯔

다음달	来月 라이게쯔
재작년	一昨年 오또또시
작년	去年 쿄넨
올해	今年 코또시
내년	来年 라이넨
매일	毎日 마이니치
매주	毎週 마이슈-
평일	平日 헤-지쯔
주말	週末 슈-마쯔
휴일	休日 큐-지쯔
기념일	記念日 키넴비
생일	誕生日 탄죠-비
봄	春 하루
여름	夏 나쯔
가을	秋 아끼
겨울	冬 후유
여름방학	夏休み 나쯔야스미
겨울방학	冬休み 후유야스미
출발일	出發日 슈빠쯔비
도착일	到着日 토-챠꾸비
날짜	日付 히즈께

층

1층	1階 익까이
2층	2階 니까이
3층	3階 상가이
4층	4階 용까이
5층	5階 고까이
6층	6階 록까이
7층	7階 나나까이
8층	8階 학까이
9층	9階 큐—까이
10층	10階 죽까이

방향

오른쪽	みぎ 미기
왼쪽	ひだり 히다리
가운데	真ん中 만나까
앞	まえ 마에
뒤	うしろ 우시로
위	うえ 우에
아래	した 시따
안	なか 나까
옆	よこ·そば 요꼬·소바
건너편	向こう 무꼬—

기본회화

한국인	韓国人 캉꼬꾸진
일본인	日本人 니혼진
중국인	中国人 츄—고꾸진
미국인	アメリカ人 아메리카진
학생	学生 각세—
선생님	先生 센세—

회사원	会社員 카이샤인
프리랜서	フリーランサー 후리—란사—
디자이너	デザイナー 데자이나—
작가	作家 삭까
대단하다	すごい 스고이
멋있다	すてき 스떼끼

덥다	暑い 아쯔이	기쁘다	嬉しい 우레시이
춥다	寒い 사무이	귀엽다	かわいい 카와이이
재밌다	面白い 오모시로이	신기하다	不思議だ 후시기다
즐겁다	楽しい 타노시이	이상하다	変だ 헨다

공항에서

거주자	居住者 쿄쥬−샤
출국신고서	出国カード 슛코꾸카−도
비자	査証·ビザ 사쇼−·비자
국적	国籍 코꾸세끼
직업	職業 쇼꾸교−
여권번호	旅券番号 료껨방고−
방문목적	旅行目的 료꼬−모꾸떼끼
동전	硬貨 코−까
지폐	紙幣 시헤−
국제선	国際線 코꾸사이센
짐	手荷物 테니모쯔
비거주자	非居住者 히쿄쥬−샤
여권	パスポート 파스포−토
이름	名前 나마에

성별	性別 세-베쯔
연락처	連絡先 렌라꾸사끼
기혼	旣婚 키콘
미혼	未婚 미콘
목적지	目的地 모꾸떼끼치
안내소	案內所 안나이쇼

숙박

호텔	ホテル 호테루
여관	旅館 료깐
민박	民宿 민슈꾸
유스호스텔	ユースホステル 유-스호스테루
비지니스호텔	ビジネスホテル 비지네스호테루
캡슐호텔	カプセルホテル 칸세루호테루
홈스테이	ホームステイ 호-무스테이
방	部屋 헤야
예약	予約 요야꾸
프론트	フロント 후론토
수영장	プール 푸-루
욕조	ふろば 후로바
싱글룸	シングルルーム 싱구루루-무

더블룸	ダブルルーム	다부루루–무
트윈룸	ツインルーム	츠인루–무
아침식사	朝ごはん	아사고한
저녁식사	晩ごはん	방고한
룸서비스	ルームサービス	루–무사–비스
서양식방	洋室	요–시쯔
일본식방	和室	와시쯔
옷장	クロゼット	쿠로제ㄷ토
텔레비전	テレビ	테레비
전등	電灯	덴또–
드라이기	ドライヤー	도라이야–
열쇠	カギ	카기
변기	便器	벵끼
타올	タオル	타오루
화장지	トイレットペ–パ–	토이렛토페–파–
면도기	ひげそり	히게소리
이불	ふとん	후똔
담요	毛布	모–후
베개	枕	마꾸라
빗	ブラシ	부라시
욕실	お風呂	오후로
휴게실	休憩室	큐–께–시쯔

칫솔	歯ブラシ 하부라시
치약	歯みがきこ 하미가끼꼬
비누	せっけん 섹켄
샴푸	シャンプー 샴푸-
유카타	ゆかた 유까따
온수	お湯 오유
귀중품	貴重品 키쵸-힌
비치품	備え付け 소나에쯔께
봉사료	サービス料 사-비스료-
취소	キャンセル 캬ㄴ세루
연장	延長 엔쵸-

먹을거리

술집	居酒屋 이자까야
찻집	喫茶店 킷사뗀
양식	洋食 요-쇼꾸
중식	中華料理 츄-까료-리
일식	和食 와쇼꾸
후식	デザート 데자-토
삼각김밥	おにぎり 오니기리
밥	ご飯 고한

야채	野菜 야사이
빵	パン 판
케이크	ケーキ 케-키
과일	果物 쿠다모노
프루츠	フルーツ 후루-츠
쇠고기	牛肉 규-니꾸
돼지고기	豚肉 부따니꾸
닭고기	鶏肉 토리니꾸
계란	卵 타마고
해물	海産物 카이산부쯔
씨푸드	シーフード 시-후-도
생선	魚 사까나
새우	えび 에비
회	刺身 사시미
초밥	寿司 스시
덮밥	どんぶり 돔부리
돈까스	豚カツ 톤카츠
스테이크	ステーキ 스테-끼
메밀국수	そば 소바
라면	ラーメン 라-멘
우동	うどん 우돈
곱빼기	大盛 오-모리

감자튀김	フレンチフライポテト	후렌치후라이포테토
햄버거	ハンバーガー	함바ー가
치즈버거	チーズバーガ	치ー즈바ー가
샌드위치	サンドイッチ	산도잇치
샐러드	サラダ	사라다
아이스크림	アイスクリーム	아이스쿠리ー무
소금	塩	시오
설탕	砂糖	사또ー
간장	醬油	쇼ー유ー
된장	みそ	미소
겨자	芥子	카라시
식초	酢	스
후추	胡椒	코쇼ー
참기름	ごま油	고마아부라
칠리소스	チリソース	치리소ー스
드레싱	ドレッシング	도렛싱구
물수건	お絞り	오시보리
냅킨	ナプキン	나푸킨
생선	魚	사까나
새우	海老	에비
성게	ウニ	우니
전복	アワビ	아와비

굴	カキ 카끼
조개	貝 카이
문어	タコ 타꼬
오징어	イカ 이까
복어	フグ 후구
꽃게	ワタリガニ 와따리가니
고등어	サバ 사바
참치	アグロ 마구로
과일	果物 쿠다모노
사과	りんご 링고
배	梨 나시
감	柑 카끼
포도	ぶどう 부도-
복숭아	桃 모모
귤	みかん 미깐
오렌지	オレンジ 오렌지
수박	スイカ 스이까
참외	マクワウリ 마꾸와우리
멜론	メロン 메론
바나나	バナナ 바나나
파인애플	パイナップル 파이납푸루
딸기	いちご 이치고

앵두	サクランボ 사쿠란보
자두	スモモ 스모모
토마토	トマト 토마토
양배추	キャベツ 캬베츠
당근	ニンジン 닌진
오이	キューリ 큐-리
감자	ジャガイモ 쟈가이모
고구마	サツマイモ 사쯔마이모
호박	カボチャ 카보챠
옥수수	とうもろこし 토오모로꼬시
양파	タマネギ 타마네기
마늘	ニンニク 닌니꾸
생강	しょうが 쇼-가
파	ネギ 네기
부추	ニラ 니라
깨	ごま 고마
버섯	きのこ 키노꼬
무	だいこん 다이꼰
고추	とおがらし 토-가라시
콩	豆 마메
도시락	弁当 벤또-
채식주의자	ベジテリアン 베지테리안

구운	焼いた 야이따
삶은	煮た 니따
찐	蒸した 무시따
볶은	炒めた 이따메따
절인	詰めた 쯔메따
튀긴	揚げた 아게따
끓인	沸かした 와까시따
날것	生 나마
수타	手打ち 테우치

맛표현

맵다	辛い 카라이		떫다	渋い 시부이
짜다	塩っぱい 숍빠이		담백하다	淡泊だ 탐빠꾸다
시다	酸っぱい 습빠이		느끼하다	油っこい 아부락꼬이
싱겁다	うすい 우스이		고소하다	香ばしい 코-바시이
달콤하다	甘い 아마이		부드럽다	柔らかい 야와라까이
쓰다	苦い 니가이			

마실거리

술	お酒 오사께
생맥주	生ビール 나마비-루
와인	ワイン 와인
소주	燒酎 쇼-츄-
위스키	ウイスキー 우이스키-
칵테일	カクテル 칵테루
정종	日本酒 니혼슈
음료수	飲み物 노미모노
생수	ミネラルウォーター 미네라루워-타-
끓는 물	お湯 오유
커피	コーヒー 코-히-
냉커피	アイスコーヒー 아이스코-히-
녹차	お茶 오챠
홍차	紅茶 코-챠
아이스티	アイスティー 아이스티-
생과일주스	フルーツジュース 후루-츠쥬-스
사이다	サイダー 사이다-
콜라	コーラ 코-라
우유	牛乳·ミルク 규-뉴-미루쿠
쉐이크	シェーク 쉐-쿠
카페라떼	カフェラテ 카훼라테

관광	観光 캉꼬–
체험관광	体験ツアー 타이껜쯔아–
팜플렛	パンフレット 팡후렛토
가이드	ガイド 가이도
구경	見物 켐부쯔
축제	お祭り 오마쯔리
지도	地図 치즈
탈것	のりもの 노리모노
코스	コース 코–스
절	お寺 오떼라
신사	神社 진쟈
성	城 시로
산	山 야마
바다	海 우미
섬	島 시마
호수	湖 미즈우미
폭포	滝 타키
강	川 카와
등산	登山 토잔
미술관	美術館 비쥬쯔깐
박물관	博物館 하꾸부쯔깐

동물원	動物園 도-부쯔엔
영화관	映画館 에-가깐
경기장	スタジアム 스타지아무
수족관	水族館 스이조꾸깐
전시실	展示室 텐지시쯔
전망대	展望台 템보-다이
PC방	インターネットカフェ 인타-네드토카훼
노래방	カラオケ 카라오케
뮤지컬	ミュージカル 뮤-지카루
콘서트	コンサ-ト 콘사-토
공원	公園 코-엔
온천	温泉 온센
노천온천	露天風呂 로뗀부로
낚시	つり 쯔리
불꽃놀이	花火 하나비
스모	相撲 스모-
가부키	歌舞伎 카부끼
사진	写真 샤신
입장	入場 뉴-죠-
어른	大人 오또나
아이	子供 코도모
화장실	トイレ 토이레

쇼핑

점포정리 세일	閉店セール 헤―뗀세―루
가격인하	値引き 네비끼
신용카드	クレジットカード 쿠레짙토카―도
백화점	デパート 데파―토
면세점	免税店 멘제―뗀
기념품가게	記念品ショップ 키넹힌숍푸
편의점	コンビニ 콤비니
시장	市場 이치바
슈퍼마켓	スーパーマーケット 스―파―마―케토
서점	本屋 홍야
전기제품	電気製品 덴끼세―힌
카메라	カメラ 카메라
디카	デジカメ 데지카메
컴퓨터	パソコン 파소콘
노트북	ノートパソコン 노―토파소콘
CD	シーディー 시―디―
DVD	ディーブイディー 디―브이디―
만화	漫画 망가
장난감	おもちゃ 오모챠

악세서리	アクセサリ 아쿠세사리
부채	うちわ 우치와
우산	傘 카사
티슈	ティッシュ 팃슈
책	本 혼
술	酒 오사께
담배	たばこ 타바꼬
옷	服 후꾸
색깔	色 이로
디자인	デザイン 데자인
사이즈	サイズ 사이즈
일본과자	和果子 와가시
선물	プレゼント 프레젠토
수영복	水着 미즈기
선글라스	サングラス 산그라스
일본제	日本製 니혼세-
최신형	最新形 사이신가따
개점	開店 카이뗀
폐점	閉店 헤-텐
중고	中古 츄-꼬
할인	割引 와리비끼

잔돈	小銭 코제니
품절	売り切れ 우리끼레
비닐봉투	ビニール袋 비니―루부꾸로
가격	値段 네단
영수증	レシート 레시―토
쿠폰	クーポン 쿠―폰
유통기한	嘗味期限 쇼―미키겐
교환	交換 코―깐
환불	払いもどし 하라이모도시
모자	帽子 보―시
손수건	ハンカチ 항카치
스카프	スカーフ 스카―후
장갑	手袋 테부꾸로
목도리	マフラー 마후라―
양말	靴下 쿠쯔시따
가방	かばん・バック 카반・박쿠
핸드백	ハンドバック 한도박쿠
숄더백	ショルダーバック 쇼루다―박쿠
넥타이	ネクタイ 네쿠타이
벨트	ベルト 베루토
손목시계	腕時計 우데도께―

안경	めがね 메가네
구두	靴 쿠쯔
부츠	ブーツ 부-츠
하이힐	ハイヒール 하이히-루
샌들	サンダル 산다루
향수	香水 코-스이
반지	指輪 유비와
목걸이	ネックレス 넥쿠레스
귀걸이	イヤリング 이야링구
팔찌	ブレスレット 브레스레ㄷ토
브로치	ブローチ 브로-치
보석	宝石 호-세끼
의류	衣類 이루이
상의	上着 우와기
블라우스	ブラウス 부라우스
치마	スカート 스카-토
스웨터	セーター 세-타-
원피스	ワンピース 완피-스
속옷	下着 시따기
셔츠	シャツ 샤츠
양복	スーツ 스-츠

바지	ズボン・パンツ 즈본·판츠
기모노	着物 키모노
옷감	生地 키지
면	木綿 모멘
순모	純毛 쥰모-
마	麻 아사
실크	シルク 시루쿠
나일론	ナイロン 나이론
아크릴	アクリル 아쿠리루
폴리에스테르	ポリエステル 포리에스테루
화장품	化粧品 케쇼-힌
매니큐어	マニキュア 마니큐아
선크림	日焼け止め 히야케도메
팩	パック 팍쿠
립스틱	リップースティック 립푸스틱쿠
기름종이	油とり紙 아부라또리가미
피부	肌 하다
건성	乾燥 칸소-
지성	脂性 아부라쇼-
중성	普通 후쯔-
복합성	混合 콘고-

민감성	敏感 빙깐
싼	安い 야스이
비싼	高い 타까이
짧은	短い 미지까이
긴	長い 나가이
화려한	派手な 하데나
수수한	地味な 지미나
진한	濃い 코이
옅은	薄い 우스이
어두운	暗い 쿠라이
밝은	明るい 아까루이
무거운	重い 오모이
가벼운	軽い 카루이
탁한	濁っている 니곧떼이루
더 큰	もっと大きい 모ㄷ또오-끼이
더 작은	もっと小さい 모ㄷ또치이사이
딱 맞는	ぴったりな 피ㄷ따리나
헐렁한	ゆるい 유루이

검정색	黒 쿠로
흰색	白 시로
회색	グレー 구레-
빨간색	赤 아까
분홍색	ピンク 핑쿠
주황색	オレンジ色 오렌지이로
노란색	黃色 키이로
베이지색	ベージュ色 베-쥬이로
갈색	茶色 챠이로
카키색	カーキ色 카-키이로
연두색	黃綠 키미도리
초록색	綠 미도리
하늘색	水色 미즈이로
파란색	靑 아오
감색	紺色 콩이로
보라색	紫 무라사끼
금색	金色 킹이로
은색	銀色 깅이로

병원

구급차	救急車 큐-뀨-샤
혈압	血圧 케쯔아쯔
생리	生理 세-리
임신	妊娠 닌신
맥박	脈拍 먀꾸하꾸
소변검사	小便檢査 쇼-벤켄사
지병	持病 지뵤-
화상	火傷 야께도
타박상	打撲傷 다보꾸쇼-
소화불량	消化不良 쇼-까후료-
식중독	食中毒 쇼꾸츄-도꾸
진찰	診察 신-사쯔
입원	入院 뉴-인
수술	手術 슈쥬쯔
내과	內科 나이까
외과	外科 게까
치과	歯科 시까
안과	眼科 간까
산부인과	婦人科 후진까
소아과	小兒科 쇼-니까
정형외과	整形外科 세-께-게까
성형외과	美容外科 비요-게까

약국

진통제	鎭痛劑	친쯔–자이
아스피린	アスピリン	아스피린
소화제	消化劑	쇼–까자이
위장약	胃薬	이구스리
변비약	便秘薬	벰삐야꾸
해열제	解熱劑	게네쯔자이
멀미약	酔い止め	요이도메
소독약	消毒薬	쇼–도꾸야꾸
안약	目薬	메구스리
감기약	風邪薬	카제구스리
일회용밴드	救急ばんそうこう	큐–뀨–반소–꼬–
반창고	ばんそうこう	반소–꼬–
붕대	包帯	호–따이
가제	ガーゼ	가–제
탈지면	脱脂綿	닷시멘
파스	湿布	십뿌
마스크	マスク	마스쿠
수면제	睡眠薬	스이민야꾸
연고	軟膏	난꼬–
구급상자	救急箱	큐–뀨–바꼬

대화

친구	友だち 토모다치
남자친구	彼氏 카레시
여자친구	彼女 카노죠
애인	恋人 코이비또
가족	家族 카조꾸
부모님	ご両親 고료–신
메일친구	メルとも 메루또모
메일주소	メールアドレス 메–루아도레스
연락처	連絡先 렌라꾸사끼
취미	趣味 슈미
사진촬영	写真撮影 샤신사쯔에–
독서	読書 도꾸쇼
댄스	ダンス 단스
게임	ゲーム 게–무
축구	サッカー 삭카–
음악	音楽 옹가꾸
스포츠	スポーツ 스포–츠
여행	旅行 료꼬–
별자리	星座 세이자
염소자리	山羊座 야기자

물병자리	水瓶座 미즈가메자
물고기자리	魚座 우오자
양자리	牡羊座 오히쯔지자
황소자리	牡牛座 오우시자
쌍둥이자리	双子座 후따고자
게자리	蟹座 카니자
사자자리	獅子座 시시자
처녀자리	乙女座 오또메자
천칭자리	天秤座 템빈자
전갈자리	蠍座 사소리자
사수자리	射手座 이떼자
혈액형	血液型 케쯔에끼가따
A형	A型 에-가따
B형	B型 비-가따
O형	O型 오-가따
AB형	AB型 에-비가따
영화	映画 에-가
장르	ジャンル 쟌루
공포영화	ホラームービー 호라-무-비
로맨틱코메디	ラブコメ 라부코메
애니메이션	アニメ 아니메
SF	エスエフ 에스에후
액션	アクション 아쿠숀

몸

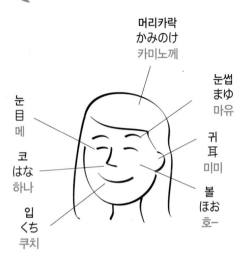

머리카락
かみのけ
카미노께

눈썹
まゆ
마유

눈
目
메

귀
耳
미미

코
はな
하나

볼
ほお
호-

입
くち
쿠치

입술
くちびる
쿠치비루

이
歯
하

혀
舌
시따

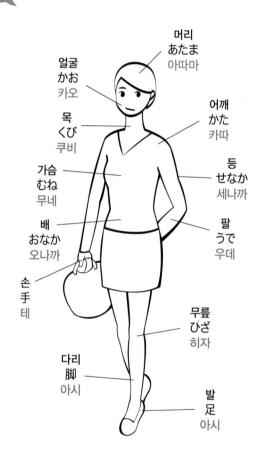

머리
あたま
아따마

얼굴
かお
카오

어깨
かた
카따

목
くび
쿠비

등
せなか
세나까

가슴
むね
무네

팔
うで
우데

배
おなか
오나까

손
手
테

무릎
ひざ
히자

다리
脚
아시

발
足
아시

2. 표지판 읽기

24시간 영업	終日營業	슈-지쯔에-교-
개찰구	改札口	카이사쯔구치
경고	警告	케-꼬꾸
경찰서	警察署	케-사쯔쇼
고장	故障中	코쇼-츄-
공사중	工事中	코-지츄-
공중전화	公衆電話	코-슈-뎅와
균일가 100엔	100円均一	햐꾸엔킹이쯔
금연	禁煙	킹엔
금일개점	本日開店	혼지쯔카이뗀
낙석주의	落石注意	라꾸세끼츄-이
난방중	暖房中	담보-츄-
내부수리중	內部修理中	나이부슈-리츄-
냉방중	冷房中	레-보-츄-
동물에게 음식을 주지 마시오	エサを 与えない でください	에사오 아따에나이 데 쿠다사이
머리조심	頭上注意	즈-죠-츄-이
마음껏 드시고 100엔	食べ放題 1000円	타베호-다이 셍엔
막다른 길	行き止まり	유끼도마리
만실	満室	만시쯔
만차	満車	만샤
매점	売店	바이뗀

매진	売り切れ	우리끼레
매표소	切符売り場	킵뿌우리바
먹는 물	飲み水	노미미즈
멈춤	止まれ	토마레
문을 닫으시오	開放厳禁	카이호-겐낀
미성년자 출입금지	未成年者 出入禁止	미세-넨샤 타치이리킨시
반품 사절	返品謝絶	헴삔샤제즈
분실물취급소	遺失物取扱所	이시쯔부쯔 토리아쯔까이죠
불조심	火の用心	히노요-진
비매품	非売品	히바이힌
사용금지	使用禁止	시요-킨시
사용기한 3일	通用期限3日間	쯔-요-키겐믹까깐
사용중	使用中	시요-츄-
산지직송	産地直送	산치쵸꾸소-
서행	徐行	죠꼬-
선불	先拂	사끼바라이
셀프서비스	セルフサービス	세루후사-비스
손대지 마시오	手を 触れないで ください	테오 후레나이데 쿠다사이
수리중	修理中	슈-리츄-
수하물취급소	手荷物取扱所	테니모쯔 토리아쯔까이죠
연중무휴	年中無休	넨쥬-무큐-

영업중	商い中	아끼나이쮸―
예약제	予約制	요야꾸세―
우체국	郵便局	유―빙꾜꾸
우회전금지	右折禁止	우세쯔킨시
월요일 휴관	月曜定休日	게쯔요―테―뀨―비
월정주차장	月極駐車場	쯔끼기메쮸―샤쬬―
위험	危険	키껜
유통기한 : 제조일 로부터 1년 이내	賞味期限：製造日 より1年以內	쇼―미키겐:세―조비 요리이치넨이나이
음식물 반입금지	食物 持ち込み禁止	타베모노 모치꼬미킨시
일방통행	一方通行	입뽀―쯔―꼬―
임시휴업	臨時休業	린지큐―교―
입구	入口	이리구치
입장무료	入場無料	뉴―죠―무료―
자동판매기	自動販売機	지도―함바이끼
자전거도로	自転車専用道路	지텐샤센요―도―로
잔디에 들어가지 마시오	芝生立ち入り 禁止	시바후타치이리 킨시
점검중	一時使用禁止	이치지시요―킨시
접수	受付	우께쯔께
정기휴일	定期休日	테―끼큐―지쯔
정숙	静粛	세―슈꾸
정차금지	停車禁止	테―샤킨시
좌측통행	左側通行	히다리가와쯔―꼬―

주의	注意	츄-이
주차금지	駐車禁止	츄-샤킨시
진입/출입금지	立ち入り禁止	타치이리킨시
청소중	掃除中	소-지츄-
촬영금지	撮影禁止	사쯔에-킨시
추월금지	追い越し禁止	오이꼬시킨시
출구	出口	데구치
출구전용	出口専用	데구치센요-
취급주의	取り扱い注意	토리아쯔까이츄-이
통행금지	通行禁止	쯔-코-킨시
파출소	交番	코-반
폐문	締め切り	시메끼리
폐점	閉店	헤-뗀
포장(식당에서)	お持ち帰り	오모치까에리
품절	品切れ	시나기레
화장실	トイレ	토이레
환전소	両替所	료-가에죠
회원제	会員制	카이인세-
횡단금지	横断禁止	오-단킨시
휴대폰사용금지	携帯使用禁止	케-따이시요-킨시
휴업	休業	큐-교-
휴지통	ゴミ箱	고미바꼬
흡연구역	喫煙所	키쯔엔죠